Alice au pays
des merveilles

Lewis Carroll

Notes, questionnaires et dossier d'accompagnement
par Isabelle de LISLE,
agrégée de Lettres modernes,
professeur en collège et en lycée

Texte original traduit de l'anglais
par Daniel BISMUTH

Crédits photographiques
P. 4 : photo Rue des Archives/AGIP. **P. 5 :** photo parue dans *The Century Magazine* de décembre 1898, photo Photothèque Hachette Livre. **PP. 7, 8, 13, 18, 24, 25, 31, 40, 43, 47, 53, 55, 58, 59, 61, 74, 75, 80, 87, 92, 94, 95, 96 :** illustrations de John Tenniel pour l'édition originale parue en Angleterre en 1865 (reprise de détails pour les têtes de chapitres), photos Photothèque Hachette Livre / DR. **PP. 11, 85 :** montage photographique à partir des illustrations de John Tenniel pour l'édition originale, photos Photothèque Hachette Livre / DR. **P. 117 :** photo Photothèque Hachette Livre.

Conception graphique
Couverture : *Karine Nayé*
Intérieur : *ELSE*

Édition
Fabrice Pinel

Mise en page
MCP

Illustration des questionnaires
Harvey Stevenson

ISBN : 978-2-01-281417-2

Sommaire

Dossier pédagogique téléchargeable gratuitement sur :
www.hachette-education.com

Lewis Carroll (1832-1898) photographié en 1863.

Introduction

Il était une fois, dans l'Angleterre du XIXe siècle, les Dodgson, une famille de onze enfants. Le troisième se prénommait Charles Lutwidge. C'était un petit garçon très sage et très obéissant. En grandissant, il devint, comme ses parents l'avaient souhaité, professeur de mathématiques dans la prestigieuse faculté d'Oxford, au Christ Church College où il avait été élève. Mais, si Charles Dodgson ressemblait à un éminent professeur enseignant dans une université renommée, il n'en était pas moins resté un enfant et personne ne soupçonnait que sa tête était pleine de créatures extraordinaires. Très réservé et peu sociable, il ne s'était pas vraiment fait d'amis et recherchait plutôt la compagnie des enfants. Il fit ainsi la connaissance de trois sœurs : Lorina, Edith et Alice Liddell, qui n'étaient autres que les filles du doyen du Christ Church College.

Alice Liddell, la « vraie Alice ».

Alice avait dix ans quand elle demanda à Charles de lui écrire une histoire... Ainsi naquit *Alice au pays des merveilles*. Destinée au départ à la petite Alice, l'histoire fut publiée en 1865, sous le pseudonyme de Lewis Carroll, et le récit obtint aussitôt un grand succès. Charles Dodgson, quant à lui, continua d'écrire de très sérieux traités de mathématiques ; il sembla même ignorer l'imaginaire débordant et le succès de Lewis Carroll.

La petite Alice Liddell, pour le plaisir des lecteurs du monde entier, est donc devenue l'héroïne en quête du jardin merveilleux qu'elle a entrevu au fond d'un terrier de lapin. Le Lapin Blanc est en effet à l'origine de toutes les aventures. Glissant dans la torpeur d'un bel après-midi d'été, la fillette le voit sortir une montre de son gilet. Un lapin qui a un gilet ? Ne vous étonnez pas ! Il a aussi une paire de gants élégants et un éventail ! Alice le suit, et la voilà embarquée dans une succession d'aventures extraordinaires au cours desquelles elle fera la rencontre de personnages aussi étonnants qu'une chenille fumant un narguilé sur le dessus d'un champignon, un lièvre, un chapelier ou un loir occupés pour l'éternité à prendre le thé.

Avec *Alice au pays des merveilles*, dont nous reproduisons ici de larges extraits dans une traduction inédite, Lewis Carroll nous entraîne tous, enfants et adultes, dans un tourbillon fantaisiste. Il nous amuse en jouant avec la logique et le langage, mais nous invite aussi à réfléchir et à appréhender autrement les éclats de réel renvoyés par le prisme du rêve et de l'enfance.

**Frontispice de l'édition anglaise originale
illustrée par John Tenniel.**

Alice s'allongeant « *comme le plus grand
télescope qui ait jamais existé* » (p. 25),
illustration de John Tenniel pour l'édition originale.

Tous, dans l'après-midi doré,
Nous glissons tout à loisir ;
Car nos deux rames, sans grand métier[1],
Par de petits bras sont maniées,
Tandis que de petites mains font en vain semblant
De guider nos errements[2].

Ah, cruelles Trois ! En pareille heure
Et par un temps si languissant[3],
Réclamer qu'un conte au souffle trop court
Fasse aller la plus infime plume !
Mais le recours d'une pauvre voix
Contre trois langues à l'unisson ?

Prima, impérieuse, prononce d'emblée
Son édit[4] : « On commence »...
D'un ton plus gentil, Secunda l'espère :
« Qu'il y ait dedans plein de non-sens ! »
Tandis que Tertia interrompt le conte
Guère plus d'une fois par minute.

Bientôt, gagnées par un soudain silence,
En imagination elles poursuivent
L'enfant d'un rêve à travers un pays
Fait de merveilles folles et neuves,
Où l'on devise[5] amicalement avec la bête à plume ou à poil...
Et elles y croient à demi.

25 *Et toujours, alors que l'histoire asséchait*
Les puits de l'imagination
Et que l'homme, n'en pouvant mais[1],
S'efforçait de se dérober,
« Le reste la prochaine fois. » – « C'est maintenant la prochaine fois ! »
30 *S'exclamaient les joyeuses voix.*

Ainsi le conte du Pays des Merveilles prit de l'ampleur :
Une par une, avec lenteur,
Se déroulèrent ses singulières péripéties...
Et à présent le conte est fini,
35 *Et nous, joyeux équipage, mettons le cap sur le logis,*
Sous le soleil couchant.

Alice ! Prends cette histoire enfantine
Et, d'une main douce,
Place-la où les rêves de l'Enfance s'entrelacent
40 *Au ruban sacré du Souvenir,*
Telle la guirlande fanée du pèlerin,
Cueillie en un pays lointain.

note

1. n'en pouvant mais : n'en pouvant plus ; épuisé.

Dans le terrier du Lapin

Alice commençait à se sentir très lasse[1] d'être assise sur le talus[2] à côté de sa sœur, sans rien avoir à faire : une fois ou deux, elle avait jeté un coup d'œil dans le livre que lisait sa sœur, mais celui-ci ne contenait ni images ni conversations, et « à quoi bon un livre, pensait Alice, sans images ni conversations ? »

Aussi se demandait-elle (du mieux qu'elle le pouvait, car cette journée torride[3] la plongeait dans une somnolence hébétée[4]) si le plaisir de confectionner une guirlande de pâquerettes vaudrait la peine de se lever pour aller en cueillir, quand tout à coup un lapin blanc aux yeux roses passa près d'elle en courant.

Il n'y avait rien là de *tellement* remarquable ; et Alice ne trouva pas non plus *tellement* insolite[5] d'entendre le Lapin

notes

1. *lasse :* fatiguée.
2. *talus :* petit monticule de terre ; pente.
3. *torride :* très chaude.
4. *hébétée :* engourdie.
5. *insolite :* étrange.

marmonner : « Oh ! là ! là ! Oh ! là ! là ! Je vais être en retard ! » (lorsqu'elle y repensa par la suite, l'idée lui vint qu'elle aurait dû s'en étonner, mais sur le moment tout cela semblait fort naturel) ; mais quand le Lapin *sortit une montre*
20 *de son gousset*[1], regarda l'heure, puis pressa l'allure, Alice se leva d'un bond car elle s'était rendu compte en un éclair qu'elle n'avait encore jamais vu de lapin avec un gousset, d'où il pouvait sortir une montre, et, brûlant de curiosité, elle le suivit à toutes jambes à travers le pré, arrivant par
25 chance juste à temps pour le voir s'engouffrer dans un large terrier sous la haie.

L'instant d'après, Alice l'y suivit, sans du tout se demander comment elle allait bien pouvoir faire pour en ressortir.

Le terrier se présentait d'abord droit comme un tunnel,
30 puis plongeait soudainement, si soudainement qu'Alice n'eut pas un instant pour songer à s'arrêter avant de se retrouver en train de tomber dans un puits très profond.

Très profond en effet, ou alors elle tomba très lentement, car elle eut tout le temps, lors de sa chute, de regarder
35 alentour et de se demander ce qui allait suivre. D'abord elle essaya de voir en bas où elle allait arriver, mais il faisait trop sombre pour distinguer quoi que ce fût ; ensuite elle tourna ses regards vers les parois du puits, pour s'apercevoir qu'elles comportaient quantité de placards et d'étagères à livres : ici
40 et là elle vit des cartes et des gravures accrochées à des pitons. Au passage, sur l'une des étagères, elle saisit un pot qui portait une étiquette avec les mots « CONFITURE D'ORANGES », mais, à sa grande déception, il était vide ; ne voulant pas lâcher le pot de peur de tuer quelqu'un, elle

note

1. gousset : petite poche du pantalon ou du gilet destinée à ranger la montre.

**« *Oh ! là ! là ! Oh ! là ! là ! Je vais être en retard !* »,
illustration de John Tenniel pour l'édition anglaise originale.**

45 trouva le moyen de le ranger dans l'un des placards devant
lesquels elle tombait.

« Eh bien ! se dit Alice, après une chute pareille, cela
ne me fera rien de dégringoler dans l'escalier ! Qu'est-ce
qu'on va me trouver courageuse à la maison ! Ma foi, même
50 si je tombais du toit, je n'en parlerais pas ! » (Ce qui se
pouvait fort bien, en effet.)

Elle tombait, tombait, tombait. Cette chute allait-elle
jamais finir ? « Je me demande de combien de kilomètres

je suis tombée à présent, dit-elle tout haut. Je dois approcher
55 les environs du centre de la Terre. Voyons : cela ferait six
mille kilomètres, je dirais... (car, voyez-vous, Alice avait
appris plusieurs choses de ce genre au cours de ses leçons
dans la salle d'étude, et bien que ce ne fût pas là une *très*
bonne occasion de montrer ses connaissances, personne
60 ne se trouvant là pour l'écouter, les repasser ainsi en revue
constituait néanmoins un bon exercice) ... oui, c'est à peu
près la distance exacte – mais alors, je me le demande,
à quelle Latitude ou Longitude ai-je pu parvenir ? » (Alice
n'avait aucune idée de ce qu'était la Latitude, ou la Longi-
65 tude, mais elle trouvait que c'étaient là des grands mots
superbes à employer.)

« C'est à se demander, reprit-elle bientôt, si je ne vais pas
carrément traverser la Terre ! Comme ça va faire drôle de
ressortir parmi ces personnes qui marchent la tête en bas !
70 Les Antipathies[1], je crois bien... (pour le coup, elle fut plutôt
contente qu'il n'y eût *vraiment* personne pour l'écouter, car
cela ne semblait pas du tout être le mot juste) ... mais bon,
je n'aurai qu'à leur demander quel est le nom du pays,
et puis voilà. "Pardon, madame, est-ce là la Nouvelle-
75 Zélande ? ou l'Australie ?" (Et sur ces mots elle tenta
d'accomplir une révérence – imaginez donc, *faire la révérence*
alors qu'on tombe dans le vide ! Croyez-vous que vous
en seriez capable ?) Et pour quelle petite ignorante vais-je
passer aux yeux de la dame ! Non, demander est exclu ;
80 peut-être verrai-je le nom du pays écrit quelque part. »

Elle tombait, tombait, tombait. Comme il n'y avait rien
d'autre à faire, Alice se remit bientôt à parler : « Je vais

note

---

1. Antipathies : Alice se trompe (elle confond avec le mot *antipode*) ; le mot *antipathie* désigne
ce que l'on ressent lorsqu'on n'apprécie pas quelqu'un.

beaucoup manquer à Dinah ce soir, c'est bien certain !
(Dinah était la chatte.) J'espère qu'on n'oubliera pas sa
85 soucoupe de lait à l'heure du thé. Ah, ma Dinah chérie,
si seulement tu pouvais être ici avec moi ! Il n'y a pas
de souris dans les airs, j'en ai bien peur, mais tu pourrais
attraper une chauve-souris, et ça ressemble de très près à une
souris, tu sais. Mais est-ce que les chats mangent les chauves-
90 souris ? Je me le demande. » Et voilà qu'Alice commença
à somnoler et à répéter, comme dans un rêve : « Est-ce que
les chats mangent les chauves-souris ? Est-ce que les chats
mangent les chauves-souris ? » et parfois : « Est-ce que les
chauves-souris mangent les chats ? » car, voyez-vous, étant
95 donné qu'elle n'avait réponse à aucune de ces questions, peu
lui importait la façon de les poser. Elle se sentit gagnée par
l'assoupissement[1], et commençait à rêver qu'elle se prome-
nait main dans la main avec Dinah en lui demandant avec
grand sérieux : « Allez, Dinah, dis-moi la vérité : as-tu jamais
100 mangé une chauve-souris ? » quand soudain, splaf ! splaf !
elle atterrit sur un tas de brindilles et de feuilles mortes,
et la chute prit fin.

Alice ne s'était pas fait la moindre égratignure et d'un
bond elle fut sur pied : elle leva les yeux, mais il faisait tout
105 sombre au-dessus de sa tête ; en face d'elle s'ouvrait un autre
long passage, et elle put voir le Lapin Blanc qui s'y engouf-
frait à toute vitesse. Il n'y avait pas un instant à perdre : Alice
fila comme le vent et arriva juste à temps pour l'entendre
dire, tandis qu'il disparaissait dans un tournant : « Par mes
110 oreilles et mes moustaches, comme il se fait tard ! » Elle
le talonnait[2] au moment où elle prit le tournant, mais

notes

1. *assoupissement :*
sommeil.

2. *talonnait :* suivi de près
(littéralement, « marchait sur
ses talons »).

le Lapin n'était plus en vue : elle se trouva dans une salle basse, toute en longueur, éclairée par un alignement de lampes suspendues au plafond.

115   Il y avait des portes tout autour de la salle, mais toutes étaient verrouillées ; et une fois qu'Alice eut parcouru l'endroit d'un côté puis de l'autre, en essayant chaque porte, elle se dirigea tristement vers le milieu, en se demandant comment elle allait bien pouvoir ressortir de là.

120   Soudain, elle se trouva devant une petite table à trois pieds en verre massif : il n'y avait rien dessus, sauf une minuscule clef d'or, et Alice supposa aussitôt qu'elle correspondait à l'une des portes de la salle : mais hélas ! ou bien les serrures étaient trop grandes, ou la clef trop petite, toujours est-il

125 qu'aucune porte ne voulut s'ouvrir. Cependant, quand elle s'y reprit, elle découvrit au bas du mur un rideau qu'elle n'avait pas remarqué avant, et puis, derrière ce rideau, une petite porte d'à peu près quarante centimètres de hauteur : elle tâcha d'introduire la petite clef d'or dans la serrure,

130 et, à sa grande joie, elle s'ajusta !

   Alice ouvrit la porte et découvrit un étroit corridor[1], guère plus large qu'un trou à rat : elle s'agenouilla et s'aperçut que le corridor menait au plus ravissant des jardins. Ah, sortir de cette sombre salle et se promener parmi ces parterres

135 de fleurs aux vives couleurs et ces fraîches fontaines ! Mais elle ne pouvait pas même passer la tête dans l'embrasure, « et quand bien même ma tête voudrait passer, se dit la pauvre Alice, je serais bien avancée sans mes épaules ! Oh, que j'aimerais pouvoir me fermer comme un télescope[2] ! Je m'en

notes

1. *corridor :* couloir.
2. *télescope :* lunette astronomique qui peut se déplier car les différentes parties s'emboîtent les unes dans les autres.

140 crois capable ; il faudrait juste que je sache par quel bout commencer. » Car, voyez-vous, il s'était produit dernièrement tant de choses insolites qu'Alice était venue à penser qu'il en existait fort peu de réellement impossibles.

Comme il semblait vain[1] d'attendre près de la petite porte,
145 elle regagna la table, dans le vague espoir d'y trouver une autre clef ou, à tout le moins[2], un manuel expliquant la marche à suivre pour se fermer comme un télescope : cette fois, elle trouva une petite bouteille (« qui n'était certainement pas là avant », dit Alice) avec, attachée autour
150 du goulot, une étiquette où se lisaient, magnifiquement imprimés en gros caractères, les mots « BUVEZ-MOI ».

C'était bien joli de dire « Buvez-moi », mais Alice, en petite fille avisée[3] qu'elle était, n'allait pas *en faire ainsi* à la va-vite. « Non, dit-elle, je vais d'abord regarder s'il y a marqué *"poison"*
155 ou non » ; car elle avait lu plusieurs charmantes historiettes sur des enfants qui s'étaient fait brûler, ou dévorer par des bêtes sauvages, et autres désagréments[4], pour la seule raison qu'ils n'avaient pas *voulu* garder en mémoire certaines règles simples que leurs amis leur avaient apprises : à savoir par
160 exemple qu'un tisonnier[5] chauffé à blanc vous brûlera si vous le tenez trop longtemps ; et que, si l'on s'entaille *très* profondément le doigt avec un couteau, eh bien, en général, celui-ci saigne ; et elle n'avait jamais oublié que, si l'on boit beaucoup d'une bouteille marquée « *poison* », il est presque
165 certain que cela ne vous réussira pas, tôt ou tard.

Toutefois, cette bouteille-là ne portait pas la mention « *poison* », de sorte qu'Alice s'aventura à en goûter le

notes

1. *vain :* inutile.
2. *à tout le moins :* au moins.

3. *avisée :* sage, réfléchie, prudente.
4. *désagréments :* événements désagréables.

5. *tisonnier :* tige de fer qui sert à attiser le feu.

**Alice tenant la bouteille
où se lisent les mots
« BUVEZ-MOI » (« *DRINK ME* »),
illustration de John Tenniel
pour l'édition anglaise originale.**

contenu ; puis, l'ayant trouvé fort bon (de fait, il avait une saveur mêlant la tarte aux cerises, la crème anglaise, l'ananas,
170 la dinde rôtie, le caramel et le toast beurré), elle eut tôt fait d'avoir vidé la bouteille.

« Quelle curieuse sensation ! s'exclama Alice. Je dois être en train de me fermer comme un télescope ! »

Et en effet : elle ne mesurait plus maintenant que vingt-
175 cinq centimètres, et son visage s'éclaira à la pensée d'avoir dorénavant la taille requise[1] pour passer la petite porte et entrer en ce ravissant jardin. Mais elle attendit d'abord quelques instants pour voir si elle n'allait pas encore rétrécir : cette éventualité l'inquiétait un peu ; « car ça pourrait bien
180 finir, tu sais, se dit-elle, par ma disparition complète, comme celle d'une bougie. Et de quoi aurais-je l'air, alors ? » Et elle tâcha d'imaginer de quoi pouvait avoir l'air la flamme d'une bougie une fois celle-ci soufflée, car elle n'avait pas souvenance[2] d'avoir vu pareille chose.

185 Au bout d'un moment, voyant que rien d'autre ne se produisait, elle décida de pénétrer dans le jardin sans plus tarder ; mais hélas ! pauvre Alice ! une fois devant la porte, elle se rendit compte qu'elle avait oublié la petite clef d'or, et puis, revenue à la table pour la prendre, elle se vit incapable
190 de l'atteindre : elle la distinguait fort bien à travers le verre et fit de son mieux pour escalader l'un des pieds de la table, mais c'était trop glissant ; et finalement, épuisée à force d'essayer, la petite malheureuse s'assit par terre et pleura.

« Allons, il est inutile de pleurer ainsi ! se dit Alice d'un ton
195 plutôt sec, je te conseille d'arrêter ça sur-le-champ ! » Elle se prodiguait[3] généralement de très bons conseils (encore

---

notes

1. requise : demandée, nécessaire.

2. n'avait pas souvenance : n'avait pas souvenir.

3. se prodiguait : se donnait.

qu'elle les suivît très rarement) et pouvait parfois se gronder avec tant de sévérité que les larmes lui montaient aux yeux ; et elle se souvenait d'avoir une fois essayé de se tirer les oreilles pour avoir triché au cours d'une partie de croquet[1] qu'elle jouait contre elle-même, car cette curieuse enfant aimait fort à faire semblant d'être deux personnes. « Mais ça ne sert à rien maintenant, se dit la pauvre Alice, de faire comme si j'étais deux ! Pardi, il reste à peine assez de moi pour faire *une* personne respectable ! »

Bientôt son regard tomba sur une petite boîte en verre qui était sous la table : elle l'ouvrit et trouva un tout petit gâteau, sur lequel les mots « MANGEZ-MOI » avaient été joliment tracés à l'aide de raisins secs. « Ma foi, je vais le manger, dit Alice, et s'il me fait grandir, je pourrai atteindre la clef ; et s'il me fait encore rapetisser, je pourrai me glisser sous la porte ; ainsi, dans les deux cas, j'accéderai au jardin, et ça m'est bien égal que ce soit l'un ou l'autre ! »

Elle prit une petite bouchée et se demanda avec anxiété[2] : « Dans quel sens ? Dans quel sens ? » en se tenant une main sur la tête pour sentir dans quel sens ça allait, et grande fut sa surprise de constater que sa taille demeurait inchangée : certes, il en va généralement ainsi quand on mange du gâteau, mais Alice était tellement portée à ne voir arriver que des choses insolites qu'il lui sembla ennuyeux et stupide que la vie dût suivre son cours habituel.

Elle se mit donc à la tâche[3] et eut tôt fait d'avoir fini le gâteau.

notes

1. **croquet :** sorte de golf miniature qui consiste à faire passer des boules en bois sous des arceaux à l'aide de maillets.

2. **anxiété :** angoisse, inquiétude.

3. **se mit [...] à la tâche :** se mit au travail.

Au fil du texte

Avez-vous bien lu ?

1. Replacez dans l'ordre chronologique
les événements suivants :

a) Alice mange un biscuit.

b) Alice a l'impression de tomber vers le centre
de la Terre.

c) Alice boit le contenu d'un flacon.

d) Alice envisage de tresser une guirlande de pâquerettes.

e) Alice aperçoit un lapin blanc.

f) Alice découvre sur une table une minuscule clef d'or.

g) Le Lapin tire sa montre de son gousset.

h) Le Lapin dit : « *Je vais être en retard !* »

i) Alice se demande si son chat mange des chauves-souris.

j) Alice tombe sur un tas de feuilles mortes.

2. À côté de qui Alice est-elle assise au début
du chapitre ?

3. Quel est le nom du chat d'Alice ?

Étudier le personnage d'Alice

4. À quoi voit-on qu'Alice est très jeune ?

5. Alice hésite-t-elle à suivre le Lapin Blanc ?
Quel trait de son caractère voit-on là ? Quels autres
passages illustrent ce trait de caractère ?

6. Que pensez-vous de l'attitude d'Alice lorsqu'elle
trouve le flacon ?

7. Quelles sont, selon vous, les différentes imprudences commises par Alice ? Quelle est celle dont elle prend conscience ?

ÉTUDIER LE MERVEILLEUX*

8. Relevez les deux passages où l'on voit qu'Alice glisse dans le sommeil.

9. Quel rôle jouent ces passages où Alice frôle le sommeil ? Vous vous appuierez notamment sur le second passage que vous aurez relevé pour la question 8.

* merveilleux :
**irréel accepté
par les
personnages
(voir p. 125).**

10. Quels éléments invraisemblables montrent que l'histoire se situe au « *Pays des Merveilles* » ?

11. Quelle est l'attitude d'Alice face au surnaturel ?

12. Comment expliquez-vous cette attitude ?

ÉTUDIER LE RÔLE DE LA PONCTUATION

13. Quels sont les différents signes de ponctuation employés ici ? Quel signe n'est pas utilisé dans ce chapitre ? Pourquoi ?

14. Quel rôle jouent les parenthèses dans le texte ? Appuyez-vous sur des exemples pour répondre.

15. Comment la ponctuation permet-elle d'insérer les pensées ou les paroles d'Alice dans le récit ?

ÉTUDIER LA GRAMMAIRE : UN STYLE SIMPLE (L. 103 À 114, PP. 15-16)

16. Relevez les propositions subordonnées* dans le passage. Sont-elles nombreuses ?

17. Combien de propositions compte la première phrase du passage ? De quelle sorte de propositions s'agit-il ? Quel est l'effet produit ?

18. Dans la première phrase, relevez les verbes et précisez leur sujet.

19. Quel est l'effet produit par la simplicité du style ?

* proposition subordonnée : proposition introduite par un mot subordonnant et qui dépend d'une proposition principale.

UN RÉCIT POUR LES ENFANTS ? LA QUESTION DU DESTINATAIRE

20. En quoi peut-on dire que ce récit est destiné à un lecteur enfant ?

21. Le point de vue de l'auteur est-il toujours cependant celui d'Alice ? Vous pouvez vous appuyer, par exemple, sur l'épisode du flacon et sur les questions 5 à 7.

22. Comment Alice réagit-elle au fait qu'il ne se produit rien quand elle mange le biscuit ? Que peut-on en déduire ?

LIRE L'IMAGE

23. Comment le dessinateur John Tenniel parvient-il à personnifier le Lapin tout en lui gardant ses caractéristiques animales (p. 13) ?

À VOS PLUMES !

24. Imaginez une autre version du début d'*Alice au pays des merveilles* en remplaçant le Lapin Blanc par une Grenouille Vert Pomme qui entraîne Alice sur un nénuphar ou par un Écureuil Doré qui la conduit vers un grand chêne.

Alice et le Lapin Blanc par John Tenniel.

Chapitre 2

La mare de larmes

« C'est curieux de plus en plus ! s'exclama Alice (surprise au point d'en oublier de s'exprimer correctement). Voilà que je m'allonge comme le plus grand télescope qui ait jamais existé ! Au revoir, mes pieds ! (Car, lorsqu'elle baissa les yeux vers ses pieds, ceux-ci lui parurent presque hors de vue, tant ils s'éloignaient.) Oh, mes pauvres petits petons[1], qui donc vous mettra désormais vos souliers et vos bas, mes chéris ? Sûrement pas *moi* ! Je me trouverai bien trop loin pour m'occuper de vous ; débrouillez-vous du mieux que vous le pouvez... mais il me faut être gentille à leur égard, se dit Alice, sans quoi, peut-être, ils ne marcheront pas dans la direction que je veux ! Voyons un peu : je leur ferai cadeau d'une paire de bottines neuves à chaque Noël. »

note

1. petons : pieds (se dit pour les bébés).

Et elle se mit à réfléchir à la manière de procéder. « Il faudra les faire parvenir par porteur, se dit-elle ; et comme ça va faire drôle d'envoyer des cadeaux à ses propres pieds ! Et l'adresse, qu'elle paraîtra bizarre !

20
Monsieur Pied Droit d'Alice,
Devant de Foyer,
Près Garde-Feu,
(avec toute l'affection d'Alice).

Oh ! là ! là ! Quelles sornettes[1] je raconte ! »
25 À cet instant précis, sa tête heurta le plafond de la salle ; en fait, elle mesurait à présent plus de deux mètres soixante-quinze ; elle ramassa aussitôt la petite clef d'or et se précipita vers la porte du jardin.

Pauvre Alice ! Elle fut réduite à se coucher sur le flanc[2]
30 pour regarder d'un œil le jardin, mais y entrer était plus impossible que jamais : elle s'assit et se remit à pleurer.

« Tu devrais avoir honte, dit Alice, une grande fille comme toi (c'était le cas de le dire), pleurer de cette façon ! Cesse tout de suite, je te l'ordonne ! » Mais elle continua,
35 se répandant en larmes jusqu'au moment où elle fut entourée d'une grande mare, profonde de dix centimètres, qui s'étendait sur une moitié de la salle.

Au bout de quelques minutes, elle entendit au loin un menu bruit de pas, et elle s'essuya les yeux à la hâte pour
40 voir ce qui arrivait. C'était le Lapin Blanc qui revenait, splendidement vêtu, tenant d'une main une paire de gants de chevreau blanc et de l'autre un large éventail, et il trottinait en marmonnant : « Oh ! la Duchesse, la Duchesse !

notes

1. **sornettes :** sottises.   2. **flanc :** côté.

Oh ! elle va être furieuse si je l'ai fait attendre ! » Alice était
si désemparée[1] qu'elle était prête à demander de l'aide
au premier venu ; aussi, lorsque le Lapin fut tout près, ce fut
d'une voix basse et timide qu'elle s'adressa à lui : « S'il vous
plaît, monsieur... » Le Lapin sursauta violemment, laissa
tomber les gants de chevreau blanc et l'éventail, et se sauva
à toute vitesse dans l'obscurité.

Alice ramassa l'éventail et les gants, puis, comme il faisait
très chaud dans la salle, elle s'éventa tout le temps qu'elle
parla : « Oh ! là ! là ! Comme tout est bizarre aujourd'hui !
Alors qu'hier les choses suivaient leur cours ordinaire.
M'a-t-on changée pendant la nuit ? Réfléchissons : étais-je
la même quand je me suis levée ce matin ? Je crois
me souvenir m'être sentie un peu différente. Mais si
je ne suis pas la même, la question qui se pose alors est :
"Qui suis-je donc ?" Ah, *voilà* la grande énigme ! » Et elle
se mit à songer à toutes les enfants de son âge qu'elle
connaissait, pour voir si elle avait pu être changée en l'une
d'elles.

« Une chose est sûre, je ne suis pas Ada, dit-elle, car elle
porte des cheveux bouclés très longs et moi pas du tout.
Et je suis sûre que je ne peux pas être Mabel, car je sais toutes
sortes de choses, alors qu'elle, oh, elle en connaît si peu !
De plus, elle *c'est elle*, et moi *c'est moi*, et... oh, là, là, que tout
ceci est compliqué ! Allez, voyons voir si je sais toutes les
choses que je savais : quatre fois cinq font douze, et quatre
fois six font treize, et quatre fois sept font... oh, là ! là !
à ce compte-là, jamais je n'arriverai jusqu'à vingt ! Mais bon,
la Table de Multiplication ne veut pas dire grand-chose :

note

1. *désemparée :* perdue,
désespérée.

essayons la Géographie. Londres est la capitale de Paris, et Paris est la capitale de Rome, et Rome... non, c'est tout faux, j'en suis certaine ! On a dû me changer en Mabel ! Je vais tâcher de réciter "*Comme la petite…*" », et, s'étant croisé les mains sur les genoux comme pour réciter une leçon, elle se lança, mais sa voix eut une sonorité rauque[1] et étrange, et les mots ne furent pas ceux qui venaient d'habitude :

« Comme le petit crocodile
Sa queue brillante essore,
Et déverse les eaux du Nil
Sur chaque écaille d'or !

Comme il semble sourire allègrement[2],
Comme ses griffes sont bien déployées
Quand il invite le fretin[3] avec empressement
Dans ses mâchoires prêtes à festoyer[4] ! »

« Je suis sûre que ce ne sont pas les mots exacts, dit la pauvre Alice, et des larmes lui montèrent de nouveau aux yeux. En fin de compte, je dois être Mabel, et il va me falloir aller vivre dans cette maisonnette riquiqui[5], avec presque pas de jouets pour m'amuser et, oh ! tant de leçons à apprendre ! Non, c'est décidé ; si je suis Mabel, je reste ici ! On pourra toujours se pencher pour me dire : "Remonte, ma chérie !", je me contenterai de lever les yeux et de répondre : "Qui suis-je, d'abord ? Dites-le-moi, et s'il me plaît d'être cette personne, je remonterai. Sinon, je resterai ici jusqu'à ce que je sois quelqu'un d'autre." Mais, oh ! là ! là ! s'exclama Alice

notes

1. *rauque :* enrouée.
2. *allègrement :* gaiement.
3. *fretin :* petits poissons.

4. *festoyer :* faire un bon repas.

5. *riquiqui :* ridiculement petite (familier).

en proie à une subite crise de larmes, si seulement on *voulait*
bien se pencher sur moi ! Je n'en peux *tellement plus* d'être
toute seule ici ! »

Sur ces mots, elle regarda ses mains et eut la surprise
de constater qu'elle avait enfilé l'un des petits gants
de chevreau blanc du Lapin tout en parlant. « Comment
ai-je pu faire ça ? se demanda-t-elle. Il faut croire que j'ai
recommencé à rapetisser. » Elle se leva pour aller se mesurer
à la table et découvrit, pour autant qu'elle en pût juger, que
sa taille avoisinait à présent les soixante centimètres et
qu'elle continuait de rétrécir rapidement : elle ne tarda pas
à comprendre que la cause en était l'éventail qu'elle tenait ;
elle s'en défit[1] précipitamment, juste à temps pour éviter
la disparition complète.

« Il s'en est fallu d'un cheveu ! dit Alice, passablement
effrayée de ce soudain changement, mais bien contente
d'exister encore. Et maintenant, au jardin ! » Et elle retourna
en courant vers la petite porte : mais hélas ! celle-ci s'était
refermée et la petite clef d'or se trouvait sur la table de verre
comme auparavant, « et les choses vont de mal en pis, pensa
la pauvre enfant, car jamais, au grand jamais, je n'ai été aussi
petite que maintenant. Ah ! ça par exemple ! c'est vraiment
trop fort ! »

Comme elle disait ces mots, son pied glissa et, l'instant
d'après, plouf ! elle se retrouva avec de l'eau salée jusqu'au
menton. Elle crut d'abord être tombée, d'une façon ou
d'une autre, dans la mer, « et en ce cas, je pourrai rentrer
par le chemin de fer[2] », se dit-elle. (Alice était allée au bord
de la mer une fois dans sa vie et en était venue à cette

notes

1. s'en défit : s'en sépara.   **2. chemin de fer :** train.

conclusion d'ordre général : où qu'on aille sur la côte anglaise, on trouve bon nombre de cabines de bain roulantes
130 dans l'eau, des enfants qui creusent le sable avec des pelles en bois, puis une rangée de pensions de famille[1], et enfin, derrière celles-ci, une gare ferroviaire[2].) Cependant, elle eut tôt fait de comprendre qu'elle se trouvait dans la mare des larmes qu'elle avait versées lorsqu'elle mesurait deux mètres
135 soixante-quinze.

[...]

[Alice rapetissa à nouveau et faillit se noyer dans la mare formée par ses larmes. Elle fit la connaissance de nombreux animaux rescapés de la noyade (chapitre 3) et finit par entendre un léger bruit au loin. « *C'était le Lapin Blanc* »...]

notes

1. *pensions de famille :* hôtels bon marché pour les familles.

2. *gare ferroviaire :* gare pour les trains.

Le Lapin dépêche un petit Bill

C'était le Lapin Blanc, qui revenait en trottinant, le regard aux aguets, comme s'il avait perdu quelque chose, et elle l'entendit
marmonner : « La Duchesse ! La Duchesse ! Oh ! mes chères pattes ! Oh ! mon pelage et mes moustaches ! Elle va me faire exécuter, aussi sûr qu'un furet[1] est un furet ! Où ai-je bien pu les laisser tomber ? » Alice devina sur-le-champ qu'il cherchait l'éventail et la paire de gants de chevreau blanc, et, guidée par son bon naturel, elle commença à fureter[2] à leur recherche, mais ils étaient introuvables... tout semblait avoir changé depuis son séjour dans la mare, et la grande salle, avec la table de verre et la petite porte, avait complètement disparu.

notes

1. furet : petit mammifère carnivore.

2. fureter : chercher dans tous les coins à la manière d'un furet.

15   Le Lapin eut tôt fait de remarquer Alice, qui furetait partout, et il l'interpella d'une voix courroucée[1] : « Mais que fabriquez-vous donc ici, Marie-Anne ? Filez à la maison et rapportez-moi une paire de gants et un éventail. Allez, dépêchons ! » Et Alice fut tellement effrayée qu'elle se préci-
20 pita dans la direction qu'il indiquait, sans tenter de lui expliquer sa méprise[2].

    « Il m'a prise pour sa bonne, se dit-elle tout en courant. Il va être bien surpris quand il découvrira qui je suis ! Mais mieux vaut que je lui rapporte son éventail et ses gants...
25 enfin, si je parviens à les trouver. » À cet instant, elle arriva devant une petite maison coquette sur la porte de laquelle une étincelante plaque de cuivre portait gravé le nom de « J. LAPIN ». Elle entra sans frapper et se hâta de gravir l'escalier, de peur de tomber sur la vraie Marie-Anne
30 et d'être expulsée[3] de la maison avant d'avoir trouvé l'éventail et les gants.

    « Comme cela semble bizarre de faire des commissions pour un lapin ! se dit Alice. Bientôt, je suppose que ce sera Dinah qui m'enverra faire des courses ! » Et elle se prit
35 à imaginer ce que ça donnerait : « Mademoiselle Alice ! Venez tout de suite ici vous apprêter[4] pour la promenade ! – J'arrive dans un instant, mademoiselle ! Mais je dois surveiller un trou de souris jusqu'à ce que Dinah soit revenue, et veiller à ce que la souris ne sorte pas. »
40   « Sauf que je ne pense pas, continua Alice, qu'on garderait Dinah à la maison si elle se mettait à commander les gens comme ça ! »

---

notes

1. *courroucée :* pleine de colère.
2. *méprise :* erreur.
3. *expulsée :* chassée.
4. *apprêter :* préparer.

Elle venait alors d'entrer dans une chambrette bien rangée, avec une table devant la fenêtre, et sur cette table (ainsi qu'elle l'avait espéré) se trouvaient un éventail et deux ou trois paires de minuscules gants de chevreau blanc : elle prit l'éventail et une paire de gants et allait quitter la pièce lorsque son regard tomba sur une petite bouteille posée à côté du miroir. Cette fois, il n'y avait pas d'étiquette avec les mots « BUVEZ-MOI », mais elle n'en déboucha pas moins la bouteille pour la porter à ses lèvres. « Je sais qu'il arrive *quelque chose* d'intéressant chaque fois que je mange ou que je bois quoi que ce soit, se dit-elle ; aussi vais-je voir l'effet que produit cette bouteille. J'espère bien qu'elle va me faire grandir à nouveau car je n'en peux vraiment plus d'être si minuscule ! »

Il en alla en effet ainsi, et beaucoup plus tôt qu'elle ne l'avait escompté[1] : avant même qu'elle eût bu la moitié de la bouteille, sa tête se trouva pressée contre le plafond, et elle dut se courber pour ne pas se rompre le cou. Elle reposa vite la bouteille en se disant : « Cela va bien comme ça... J'espère ne pas grandir plus... Déjà, au point où j'en suis, pas moyen de sortir par la porte... Si seulement je n'avais pas bu autant ! »

Hélas ! Il n'était plus temps de souhaiter cela ! Elle grandissait, grandissait encore, et dut bien vite s'agenouiller sur le plancher : l'instant d'après, il n'y eut même plus la place pour se tenir ainsi, et elle tenta de s'allonger, un coude contre la porte et l'autre bras replié sur la tête. Mais elle grandissait toujours, et, en dernier ressort[2], elle

notes

1. *escompté :* espéré, attendu.

2. *en dernier ressort :* en dernier recours ; comme dernière solution.

passa un bras par la fenêtre et mit un pied dans la cheminée tout en se disant : « Maintenant, quoi qu'il arrive, je ne peux pas faire plus. Qu'est-ce que je vais devenir ? »

Par chance pour Alice, la petite bouteille magique avait à présent produit tout son effet, et elle cessa de grandir ; néanmoins, sa situation demeurait fort inconfortable, et, comme il semblait n'y avoir aucune chance de sortir un jour de cette pièce, il n'était guère étonnant qu'elle se sentît malheureuse.

« C'était bien plus agréable à la maison, pensa la pauvre Alice, quand on n'était pas tout le temps en train de grandir et de rapetisser, et de devoir se mettre en quatre[1] pour des souris et des lapins. J'en viendrais à regretter d'être descendue dans ce terrier... et pourtant... et pourtant... c'est plutôt curieux, tu sais, ce genre de vie ! Quand même, je me demande ce qui a pu m'arriver ! Du temps où je lisais des contes de fées, je m'imaginais que ce genre de choses ne se produisait jamais, et m'y voilà plongée jusqu'au cou ! On devrait écrire un livre sur moi, ah ça on devrait ! Et quand je serai grande, j'en écrirai un... mais grande je le suis déjà, ajouta-t-elle avec chagrin : du moins n'y a-t-il plus de place pour grandir *ici*.

Mais alors, pensa Alice, ne serai-je *jamais* plus âgée que je le suis maintenant ? Voilà qui est réconfortant, dans un sens... ne jamais être une vieille femme... mais alors... toujours avoir des leçons à apprendre ! Oh, *ça* ne me plairait pas du tout !

note

1. se mettre en quatre : faire tout ce qu'on peut.

– Oh, que tu es bête, Alice ! se répondit-elle. Comment pourrais-tu apprendre des leçons ici ? Il y a à peine de 100 la place pour toi, et aucune pour aucun livre de classe ! »

Et elle poursuivit de la sorte, se plaçant tantôt d'un côté et tantôt de l'autre, menant ainsi une véritable conversation, mais, quelques instants plus tard, entendant une voix au-dehors, elle s'interrompit pour prêter l'oreille.

105 « Marie-Anne, Marie-Anne ! disait la voix. Apportez-moi tout de suite mes gants ! » Puis vint un menu[1] bruit de pas dans l'escalier. Alice comprit que c'était le Lapin qui venait voir ce qu'elle faisait, et elle en trembla au point de secouer la maison, oubliant totalement qu'elle était à présent 110 environ mille fois plus grande que le Lapin, et qu'elle n'avait aucune raison d'avoir peur de lui.

Le Lapin arriva devant la porte et essaya de l'ouvrir ; mais comme elle s'ouvrait vers l'intérieur et que le coude d'Alice était pressé contre, cette tentative se solda par[2] un échec. 115 Alice l'entendit se dire : « Dans ce cas, je vais faire le tour et entrer par la fenêtre. »

« Oh que non ! » se dit Alice, et, après un temps d'attente, s'imaginant entendre le Lapin juste sous la fenêtre, elle tendit soudainement la main comme pour se saisir de 120 quelque chose. Elle ne s'empara de rien du tout, mais entendit un petit couinement et le bruit d'une chute, puis un fracas de verre brisé, ce qui lui fit conclure que le Lapin était peut-être bien tombé sur un châssis[3] à concombres ou quelque chose de ce genre.

notes

1. **menu :** léger.
2. **se solda par :** aboutit à.

3. **châssis :** cadre en bois auquel sont fixées des vitres ; ici, sorte de petite serre pour la culture.

125   Résonna alors une voix furibonde[1], celle du Lapin : « Pat !
Pat ! Où es-tu ? » Puis une autre voix, qu'elle n'avait jamais
entendue : « Ben, j'suis là, quoi ! En train de déterrer des
pommes d'api, Vot' Honneur !

    – En train de déterrer des pommes d'api, tiens donc !
130 s'écria le Lapin avec colère. Viens plutôt m'aider à me
dégager de *là* ! (Nouveaux bruits de verre brisé.) Bon, Pat,
dis-moi, qu'est-ce que c'est que ça, à la fenêtre ?

    – Ben, c'est un bras, Vot' Honneur ! (Il prononçait :
"Brrââ".)

135   – Un bras ? Espèce de nigaud ! Qui a jamais vu un bras
de cette taille ? Il bouche toute la fenêtre !

    – Ben ouais, Vot' Honneur, mais, on a beau dire, ça reste
un bras.

    – En tout cas, il n'a rien à faire ici : va donc l'enlever ! »
140   Il se fit un long silence, uniquement interrompu par des
chuchotements parvenant de temps à autre aux oreilles
d'Alice : « Ben, c'est que ça me plaît point, Vot' Honneur,
mais alors point du tout. – Fais ce que je te dis, espèce
de pétochard[2] ! » Finalement elle tendit de nouveau la main,
145 toujours comme pour s'emparer de quelque chose. Cette
fois, il y eut *deux* petits couinements, et encore des bruits
de verre brisé. « Qu'est-ce qu'il doit y en avoir, des châssis
à concombres ! pensa Alice. Après ça, je me demande ce
qu'ils vont faire ! Quant à me décoincer de cette fenêtre,
150 si seulement ils en étaient *capables* ! *Je* ne tiens assurément pas
à rester ici plus longtemps ! »

    Elle attendit quelque temps, sans en entendre plus : enfin
résonna un roulement de petites roues de charrette et

notes

1. **furibonde :** furieuse.
2. **pétochard :** peureux
(familier).

un brouhaha de voix d'où lui parvint : « Où est l'autre
155 échelle ? – Ben, c'est que j'en avais qu'une seule à apporter.
C'est Bill qui a l'autre. – Bill ! Apporte ici, mon gars ! – Là,
dressez-les à ce coin. – Non, faut d'abord les lier ensemble...
Comme ça, elles arrivent pas encore à la moitié de ce qu'il
faudrait. – Oh ! ça va bien suffire. Ne fais pas d'histoire.
160 – Tiens, Bill ! Attrape-moi cette corde. – Est-ce que le toit
va tenir ? – Gare à cette ardoise mal fixée. – Oh, la voilà qui
tombe ! Attention les têtes ! (Fracas retentissant.) Qui c'est
qui a fait ça ? – Bill, je dirais. – Qui est-ce qui va descendre
dans la cheminée ? – Ah non, pas *moi* ! Vas-y, *toi* ! – En
165 ce cas, j'y vais pas non plus ! – C'est à Bill de descendre.
– Viens, Bill ! Le maître dit que tu dois descendre dans
la cheminée ! »

« Tiens, tiens ! se dit Alice. Alors, comme ça, Bill doit
descendre dans la cheminée ? Ils m'ont l'air de tout lui
170 mettre sur le dos, à Bill ! Je ne voudrais guère être à sa place.
La cheminée est étroite, c'est sûr, mais je *crois* pouvoir ruer[1]
un peu quand même ! »

Elle fit descendre son pied dans la cheminée autant que
possible et guetta jusqu'au moment où elle entendit un petit
175 animal (de quelle espèce, elle ne put le deviner) gratter
et jouer des pattes dans le conduit juste au-dessus d'elle ;
puis, se disant : « Voici Bill », elle décocha un vif coup de
pied et attendit de voir ce qui allait se passer.

Elle entendit d'abord une clameur générale : « Voilà
180 Bill ! », puis seulement la voix du Lapin : « Attrapez-le, vous
là-bas, près de la haie ! », après quoi il y eut un silence, puis
un autre fouillis de voix : « Levez-lui la tête. – Maintenant,

---

note

1. ruer : donner des coups de pied comme un cheval qui veut s'échapper.

un peu d'eau-de-vie. – N'allez pas l'étouffer. – Comment ça a été, vieille branche ? Qu'est-ce qui t'est arrivé ?
185 Raconte-nous donc ! »

Finalement se fit entendre une petite voix, faible, aiguë (« C'est Bill », pensa Alice) : « Ma foi, je n'en sais trop rien... Pas plus, non merci, je me sens mieux... mais je suis bien trop retourné pour vous raconter... Tout ce que je sais, c'est
190 que quelque chose m'est arrivé en plein dessus comme un diable d'une boîte, et me v'là parti dans les airs comme une fusée éclairante !

– C'était bien ça, vieille branche ! firent les autres en chœur.

195 – Nous allons devoir incendier la maison ! » déclara le Lapin. Et Alice de s'exclamer à tue-tête : « Si vous faites ça, je lancerai Dinah contre vous ! »

Un silence de mort s'instaura immédiatement, et Alice se dit : « Je me demande ce qu'ils vont faire ! S'ils avaient
200 un brin de bon sens, ils ôteraient le toit. » Quelques minutes plus tard, ils recommencèrent à s'agiter, et Alice entendit le Lapin dire : « Une brouettée fera l'affaire, pour commencer. »

« Une brouettée de *quoi* ? » se demanda Alice. Mais elle
205 n'eut pas à rester longtemps dans le doute, car, l'instant d'après, une averse de petits cailloux vint cingler[1] la fenêtre et quelques-uns la frappèrent au visage. « Je vais faire que ça s'arrête », se dit-elle, et elle s'écria : « Vous n'avez pas intérêt à recommencer ! », ce qui amena un autre silence
210 de mort.

Alice remarqua, non sans surprise, que les cailloux, une fois sur le plancher, se changeaient tous en petits gâteaux,

note

1. *cingler :* fouetter.

et une brillante idée lui vint à l'esprit : « Si je mange l'un de ces gâteaux, pensa-t-elle, il me fera à coup sûr changer de taille ; et comme il est tout à fait impossible que je grandisse encore, je suppose qu'il me fera rapetisser. »

Elle avala donc l'un des gâteaux et fut ravie de constater qu'elle se mettait à rétrécir sans délai. Sitôt qu'elle fut assez petite pour franchir la porte, elle courut hors de la maison, et se trouva face à une foule de petits animaux, dont des oiseaux, qui attendaient. Bill, le pauvre petit Lézard, était au milieu d'eux, soutenu par deux cochons d'Inde qui lui faisaient boire quelque chose d'une bouteille. Toutes les bêtes se ruèrent[1] vers Alice dès son apparition, mais elle prit ses jambes à son cou et se trouva bientôt en sûreté dans une forêt touffue.

« La première chose que je dois faire, se dit Alice en vagabondant dans la forêt, c'est de regagner ma taille normale ; et la seconde, c'est de trouver ma route vers ce ravissant jardin. Comme plan, je ne vois pas mieux. »

C'était en effet un excellent plan, nul doute à cela, échafaudé[2] avec netteté et simplicité ; la seule difficulté était qu'elle n'avait pas la moindre idée quant à la façon de le mener à bien ; et, tandis qu'elle scrutait anxieusement le couvert des arbres, un petit aboiement sec, juste au-dessus de sa tête, lui fit lever les yeux avec empressement[3].

Un énorme chiot la regardait de haut avec de grands yeux ronds et avançait timidement une patte, afin de la toucher. « Pauvre petite bête ! » dit Alice d'un ton câlin, et elle fit son possible pour le siffler ; mais en même temps elle était terriblement effrayée à la pensée qu'il pouvait avoir faim,

notes

1. se ruèrent : se précipitèrent.

2. échafaudé : élaboré, bâti.

3. avec empressement : rapidement.

« Un énorme chiot la regardait de haut avec de grands yeux ronds »,
illustration de John Tenniel pour l'édition originale.

auquel cas il était fort probable qu'il se mît à la manger malgré toutes ses cajoleries[1].

245 Sans bien savoir ce qu'elle faisait, elle ramassa un petit bout de bois et le tendit au chiot : sur quoi le chiot sauta en l'air des quatre membres à la fois, avec un jappement[2] de plaisir, et se précipita sur le bout de bois pour le mordiller ; Alice s'esquiva[3] alors derrière un grand chardon[4], pour éviter d'être écrasée ; et à l'instant où elle apparut de l'autre côté, 250 le chiot se rua de nouveau sur le bout de bois, faisant un roulé-boulé tant il avait hâte de s'en saisir ; alors Alice, qui trouvait que c'était presque comme de jouer avec un cheval de trait[5] et s'attendait à tout moment à être piétinée, refit le tour du chardon ; alors le chiot entama une 255 série de brèves charges sur le bout de bois, se lançant chaque fois un tout petit peu en avant pour aussitôt opérer un long recul, sans cesser d'émettre des aboiements rauques, jusqu'au moment où il s'assit à bonne distance, ahanant[6], la langue pendante et ses grands yeux mi-clos.

260 Alice jugea que c'était le bon moment pour s'échapper, ce qu'elle fit sans tarder, courant à perdre haleine, jusqu'à épuisement, et jusqu'à ce que l'aboiement du chiot résonnât très faiblement dans le lointain.

« Et pourtant, quel amour de petit chiot c'était ! dit Alice 265 en s'appuyant sur un bouton-d'or pour se reposer et en s'éventant avec une de ses feuilles. J'aurais bien aimé lui apprendre des tours, si... si seulement j'avais eu la taille qu'il fallait ! Oh ! là ! là ! J'avais presque oublié que je dois grandir ! Voyons... comment s'y prendre ? Je suppose qu'il

notes

1. **cajoleries :** caresses, marques d'affection.
2. **jappement :** petit aboiement aigu.

3. **s'esquiva :** s'enfuit discrètement.
4. **chardon :** sorte de plante épineuse.

5. **cheval de trait :** cheval destiné à tirer une charrue ou une voiture.
6. **ahanant :** haletant.

270 me faudrait manger ou boire quelque chose, mais la grande question est : "Quoi ?" »

Telle était assurément[1] la grande question : « Quoi ? » Alice avisa[2] les fleurs et les brins d'herbe alentour, mais ne vit rien qui eût l'air d'être la bonne chose à manger ou à boire 275 en la circonstance. Il y avait un champignon dressé non loin d'elle, à peu près de sa hauteur ; et quand elle eut regardé dessous, et des deux côtés, et derrière, l'idée lui vint qu'elle pouvait aussi bien regarder ce qu'il y avait sur le dessus.

Elle se haussa sur la pointe des pieds, jeta un regard furtif[3] 280 par-dessus le bord du champignon, et ses yeux rencontrèrent immédiatement ceux d'une grande chenille bleue, assise au sommet, les bras croisés, fumant tranquillement un long narguilé[4], sans prêter la moindre attention à elle ou à quoi que ce fût d'autre.

notes

1. *assurément :* certainement.
2. *avisa :* regarda, s'intéressa à.
3. *furtif :* discret, rapide.
4. *narguilé :* sorte de pipe munie d'un long tuyau.

**Se haussant sur la pointe des pieds
et regardant par-dessus le bord du champignon,
Alice découvre** « *une grande chenille bleue,
assise au sommet, les bras croisés,
fumant tranquillement un long narguilé* »
(illustration de John Tenniel).

Au fil du texte

QUE S'EST-IL PASSÉ ENTRE-TEMPS ?

1. Pourquoi Alice imagine-t-elle devoir envoyer un cadeau à ses pieds par porteur ?

2. Pourquoi Alice pleure-t-elle ?

3. Pourquoi Alice ne veut-elle pas ressembler à Mabel ?

4. Qu'est-ce qui fait rétrécir Alice au point qu'elle risque de disparaître complètement ?

AVEZ-VOUS BIEN LU ?

5. Vrai ou faux ? Cochez la bonne réponse.

a) Le Lapin Blanc cherche ses lunettes de soleil.   V ☐ F ☐

b) Le Lapin prend Alice pour une servante.   V ☐ F ☐

c) Alice doit boire tout le flacon pour devenir immense.   V ☐ F ☐

d) Alice se sent prisonnière de la maison.   V ☐ F ☐

e) Alice entend que les animaux se rassemblent autour de la maison.   V ☐ F ☐

f) Il est question de mettre le feu à la maison pour se débarrasser d'Alice.   V ☐ F ☐

g) Les meubles de la maison sont en biscuits.   V ☐ F ☐

h) Alice croque un petit four et devient plus grande encore.   V ☐ F ☐

i) Bill est un lézard.   V ☐ F ☐

j) Alice, une fois sortie de la maison, craint d'être dévorée par un chien.   V ☐ F ☐

ÉTUDIER LA GRAMMAIRE
(L. 1 À 21, PP. 31-32)

6. Relevez les phrases nominales* et les phrases injonctives* dans les paroles du Lapin.

7. Pourquoi ces phrases sont-elles nombreuses ?

8. Quelle est la classe grammaticale de chacun des mots de la troisième phrase nominale du Lapin ? Quels mots expriment les sentiments du Lapin ?

9. Relevez les verbes conjugués dans les répliques du Lapin et indiquez leur infinitif, leur mode et leur temps. Mettez les quatre derniers verbes à la 2e personne du singulier.

10. Quelle est la valeur des différents modes et temps employés par le Lapin ?

ÉTUDIER UNE PÉRIPÉTIE*

11. Relevez les expressions qui montrent que les animaux sont de plus en plus nombreux autour de la maison.

12. Qui commande les animaux ? Justifiez votre réponse avec des citations.

13. Quelle est la nature des relations entre Alice et les animaux ?

14. Qu'est-ce qui explique le conflit entre Alice et les animaux ?

* *phrase nominale :* phrase qui ne contient aucun verbe conjugué.

* *phrase injonctive :* phrase qui exprime un ordre.

* *péripétie :* action qui constitue une étape dans la progression du récit (voir p. 110).

ÉTUDIER LE PERSONNAGE
PRINCIPAL : ALICE

15. Comment Lewis Carroll nous donne-t-il à voir le gigantisme d'Alice ?

16. Comment le lecteur comprend-il ensuite qu'Alice est devenue minuscule ?

17. Quelles sont les différentes réactions d'Alice à ce qui lui arrive ?

** péripétie :
action qui
constitue une
étape dans
la progression
du récit (voir
p. 110).*

LIRE L'IMAGE

18. Quels éléments du texte retrouve-t-on dans l'illustration de la p. 40 ?

19. Comment John Tenniel montre-t-il la petite taille d'Alice ?

À VOS PLUMES !

20. Imaginez une péripétie* du voyage d'Alice au cours de laquelle elle entre dans la maison du Lapin Blanc et croque dans un biscuit qui la fait devenir minuscule. Vous tiendrez compte du caractère d'Alice et vous imiterez le style de Lewis Carroll.

21. Dans le monde réel ou dans un monde fantaisiste, un personnage que vous imaginerez se montre curieux et imprudent en poussant une porte interdite. Racontez ce qui se passe en exprimant les réflexions du personnage.

Conseils d'une chenille

La Chenille et Alice se regardèrent quelque temps en silence ; puis, enfin, la Chenille ôta le narguilé de sa bouche et s'adressa à elle

5 d'une voix languissante et ensommeillée :

« Qui êtes-*vous* ? »

Ce n'était là guère encourageant pour un début de conversation. Alice répondit avec timidité : « Je... je n'en sais trop rien, madame, à l'heure qu'il est... du moins je sais

10 qui *j'étais* quand je me suis levée ce matin, mais il me semble que j'ai dû être changée plusieurs fois depuis lors.

– Qu'entendez-vous par là ? demanda la Chenille d'un ton peu amène[1]. Expliquez-vous !

– J'ai peur de ne pouvoir m'expliquer, madame, car

15 je ne suis pas moi-même, voyez-vous.

– Non, je ne vois pas, dit la Chenille.

– Je crains de ne pas pouvoir m'exprimer plus clairement, dit Alice fort poliment, car, pour commencer, je n'y comprends rien moi-même ; et passer par tant de tailles
20 différentes en une seule journée est très perturbant.

– Point du tout, dit la Chenille.

– Ma foi, vous ne le savez peut-être pas encore, mais quand vous devrez vous transformer en chrysalide[1] – ça vous arrivera un jour, vous savez – et puis, après ça, en papillon,
25 je crois bien que vous trouverez ça un peu bizarre, non ?

– Absolument pas, répondit la Chenille.

– Ma foi, vous éprouvez peut-être les choses différemment ; tout ce que je sais, c'est que *moi* je trouverais ça très bizarre.

30 – Vous ! s'exclama la Chenille avec mépris. Mais c'est qui, *vous* ? »

Ce qui les ramena au début de la conversation. [...]

Quelques instants plus tard, la Chenille ôta le narguilé de sa bouche, bâilla une ou deux fois et se secoua. Puis elle
35 descendit du champignon et s'éloigna en rampant dans l'herbe tout en lâchant, mine de rien : « Un côté vous fera grandir et l'autre côté vous fera rapetisser. »

« Un côté de *quoi* ? L'autre côté de *quoi* ? » se demanda Alice.

40 « Du champignon », dit la Chenille, tout comme si Alice s'était posé la question à voix haute ; après quoi elle disparut.

L'air pensif, Alice considéra un moment le champignon, en s'efforçant d'en déterminer les deux côtés ; et comme il était parfaitement rond, elle trouva le problème bien
45 difficile à trancher. Toutefois, en fin de compte, elle étendit

note

1. chrysalide : état intermédiaire entre la chenille et le papillon.

les bras autour autant que possible et, de chaque main, en détacha un morceau.

« Et maintenant, lequel fait quoi ? » se demanda-t-elle, et, pour voir l'effet, elle grignota un petit bout du morceau 50 qui était dans sa main droite. L'instant d'après, elle se sentit violemment frappée sous le menton : il avait heurté son pied !

Elle fut passablement effrayée par ce changement fort soudain, mais sentit que le temps pressait, car elle rétrécissait 55 rapidement ; aussi se dépêcha-t-elle de manger un peu de l'autre morceau. Son menton était comprimé par son pied, au point que la place lui manquait presque pour ouvrir la bouche ; mais elle y parvint enfin et avala une bouchée du morceau tenu dans sa main gauche.

60 « Chouette, ma tête est enfin dégagée ! » s'exclama Alice avec une allégresse[1] qui se transforma vite en affolement quand elle s'aperçut que ses épaules n'étaient plus là : tout ce qu'elle put voir, en baissant les yeux, fut une immense longueur de cou qui, semblable à une tige, s'élevait d'une 65 mer de feuilles vertes loin au-dessous d'elle.

« Qu'est-ce que peut bien être toute cette verdure ? se demanda Alice. Et où sont donc passées mes épaules ? Et, oh, mes pauvres mains, comment se fait-il que je ne puisse pas vous voir ? » Elle les agitait tout en parlant, mais 70 cela semblait n'avoir pour résultat qu'un petit tressaillement, loin en bas, parmi les vertes feuilles.

Comme il semblait impossible de ramener ses mains à sa tête, elle tenta d'abaisser sa tête vers ses mains et eut la joie de constater que son cou pouvait se tordre aisément

note

1. allégresse : grande joie.

75 dans toutes les directions, à la façon d'un serpent. Elle venait tout juste de réussir à le ployer vers le bas en traçant un gracieux zigzag et allait plonger parmi les feuilles, qui n'étaient autres que les cimes des arbres sous lesquels elle avait vagabondé, quand un sifflement aigu l'amena à faire

80 vivement retraite : un gros pigeon s'était jeté à sa figure et la frappait violemment de ses ailes.

« Serpent ! hurla le Pigeon.

– Je ne suis pas un serpent ! protesta Alice avec indignation. Laissez-moi tranquille !

85 – Serpent, je le redis ! répéta le Pigeon, mais un ton en dessous ; puis il ajouta, dans une sorte de sanglot : J'ai tout essayé, mais rien ne semble leur convenir !

– Je n'ai pas la moindre idée de ce dont vous parlez, dit Alice.

90 – J'ai essayé les racines des arbres, j'ai essayé les talus et j'ai essayé les haies, poursuivit le Pigeon sans lui prêter attention ; mais ces serpents ! Il n'y a pas moyen de les satisfaire ! »

Alice était de plus en plus déconcertée[1], mais elle jugea inutile de placer le moindre mot tant que le Pigeon n'en

95 aurait pas fini.

« Comme si ce n'était pas assez de tracas d'avoir à couver les œufs, reprit le Pigeon ; mais il faut encore que je sois sur le qui-vive[2] à cause des serpents, nuit et jour ! Cela fait trois semaines que je n'ai pas fermé l'œil !

100 – Je suis vraiment désolée que vous ayez été ainsi importuné[3], dit Alice, qui commençait à comprendre ce qu'il voulait dire.

---

notes

1. **déconcertée :** étonnée ; incapable de comprendre.

2. **que je sois sur le qui-vive :** que je veille ; que je me méfie.

3. **importuné :** gêné, dérangé.

– Et juste au moment où j'avais choisi l'arbre le plus élevé de la forêt, enchaîna le Pigeon d'une voix devenue stridente, et où je pensais en être enfin débarrassé, il faut qu'ils descendent du ciel en faisant des tortillons ! Pouah ! Vilain Serpent !

– Mais je ne suis pas un serpent, je vous l'assure, dit Alice, je suis une... je suis une...

– Eh bien ! Qu'êtes-vous donc ? demanda le Pigeon. Je vois bien que vous essayez d'inventer quelque chose !

– Je... je suis une petite fille, dit Alice d'un ton peu assuré, car elle se rappelait le nombre de changements par lesquels elle était passée ce jour-là.

– En voilà une bonne ! fit le Pigeon avec le plus profond mépris. J'en ai vu des petites filles au cours de ma vie, mais jamais *une* avec un cou pareil ! Non, non ! Vous êtes un serpent, pas la peine de le nier. Je suppose que vous allez maintenant me dire que vous n'avez jamais goûté à un œuf !

– Il m'est certainement arrivé de manger des œufs, dit Alice, qui était une enfant très franche, mais les petites filles en mangent autant que les serpents, vous savez.

– Je n'y crois pas, dit le Pigeon, mais si tel est le cas, eh bien, elles sont une espèce de serpent, c'est tout ce que je peux dire. »

C'était pour Alice une idée si nouvelle pour qu'elle en resta coite[1] une minute ou deux, ce qui donna au Pigeon l'occasion d'ajouter : « Vous cherchez des œufs, je le sais bien ; et qu'est-ce que j'en ai à faire que vous soyez une petite fille ou un serpent ?

– J'en ai beaucoup à faire, *moi*, s'empressa de répondre Alice ; mais il se trouve que je ne cherche pas d'œufs,

note

1. *coite :* incapable de parler.

et si j'en cherchais, je ne voudrais pas *des vôtres* : je ne les aime pas quand ils sont crus.

135   – Ma foi, dans ce cas, allez-vous-en ! » dit le Pigeon d'un ton maussade, avant de s'en retourner dans son nid. Alice s'abaissa au niveau des arbres, tant bien que mal, car son cou ne cessait de se prendre dans les branches, et à chaque fois elle devait s'arrêter pour le désentortiller. Le temps passant,

140 elle se rappela qu'elle tenait toujours les morceaux de champignon : aussi se mit-elle à la tâche avec grande précaution, grignotant d'abord l'un, puis l'autre, et devenant parfois plus grande et parfois plus petite, jusqu'au moment où elle réussit à recouvrer[1] sa taille normale.

145   Il y avait si longtemps qu'elle n'avait pas approché celle-ci qu'elle en retira d'abord une impression plutôt étrange ; mais elle s'y accoutuma au bout de quelques instants et se mit à parler toute seule, comme à son habitude : « Allons, voilà la moitié de mon plan réalisée ! Que tous ces

150 changements sont déconcertants ! Je ne suis jamais sûre de ce que je vais être, d'une minute à l'autre ! Enfin, me voilà déjà revenue à ma bonne taille : il me reste maintenant à entrer dans ce beau jardin... Mais comment s'y prendre ? » Soudain, sur ces mots, elle arriva dans une

155 clairière où se trouvait une maisonnette d'à peu près un mètre vingt de haut. « Quelles que soient les personnes qui habitent ici, se dit Alice, il n'est pas envisageable de leur tomber dessus avec la taille que j'ai : pardi, je leur flanquerais une peur bleue ! » Elle se remit donc à grignoter le morceau

160 tenu dans sa main droite et ne s'aventura pas aux abords de la maison avant d'avoir ramené sa taille à vingt centimètres.

note

1. recouvrer : retrouver (se dit pour ce qui concerne la santé).

Chapitre 6

Cochon et poivre

[Alice pénétra dans la maison. À l'intérieur, tout le monde criait ou pleurait. Elle fit ainsi la connaissance de la cuisinière qui jetait du poivre, du Chat du Cheshire capable de sourire et de la Duchesse. Cette dernière lui confia un bébé qui s'avéra être un cochon qu'Alice renonça à garder.]

Elle déposa donc la petite créature par terre et fut grandement soulagée de la voir s'éloigner en trottinant dans la forêt. « S'il avait grandi, se dit-elle, il aurait fait un enfant effroyablement laid ; mais c'est un assez joli cochon, je
5 trouve. » Et elle se mit à songer à d'autres enfants de sa connaissance, qui auraient fait de fort bons cochons, et se faisait la réflexion suivante : « Si seulement on savait s'y prendre pour les changer... » quand elle sursauta quelque peu à la vue du Chat du Cheshire perché sur une branche
10 d'arbre à quelques mètres d'elle.

À la vue d'Alice, le Chat se fendit d'un large sourire. « Il a l'air accommodant », se dit-elle ; mais il avait tout de même de *très* longues griffes et bon nombre de dents, et elle jugea nécessaire de le traiter avec respect.

15 « Minet-du-Cheshire », dit-elle, non sans timidité, car elle ne savait pas du tout si ce nom lui plaisait ; mais son sourire s'élargit encore un peu. « Allons, jusqu'ici il est tout content », pensa Alice, avant de poursuivre : « Voudriez-vous bien m'indiquer, s'il vous plaît, le chemin que je dois

20 prendre à partir d'ici ?

– Cela dépend pour une grande part du lieu où vous souhaitez vous rendre, répondit le Chat.

– Ça m'est à peu près égal...

– Dans ce cas, peu importe le chemin que vous prendrez,

25 dit le Chat.

– ... du moment que j'arrive *quelque part*, ajouta Alice en guise d'explication.

– Oh, ça, vous y arriverez sûrement, dit le Chat, il suffit que vous marchiez assez longtemps. »

30 Sentant qu'il n'y avait pas là à discuter, Alice essaya une autre question : « Quelle sorte de gens habitent par ici ?

– Dans cette direction-*là*, répondit le Chat, en bougeant la patte droite, habite un chapelier[1] ; et dans cette direction-là – geste de l'autre patte – habite un lièvre

35 de mars[2]. Libre à vous d'aller voir l'un ou l'autre ; ils sont fous tous les deux.

– Mais je n'ai pas envie de me retrouver chez des fous, fit remarquer Alice.

– Oh, vous n'y pouvez rien, dit le Chat, nous sommes

40 tous fous par ici. Je suis fou. Vous êtes folle.

---

notes

1. chapelier : fabricant ou vendeur de chapeaux.

2. lièvre de mars : en anglais, les expressions *fou comme un chapelier* ou *fou comme un lièvre de mars* sont l'équivalent de notre *fou à lier.*

Alice « *sursauta quelque peu
à la vue du Chat du Cheshire
perché sur une branche d'arbre
à quelques mètres d'elle.
À la vue d'Alice, le Chat
se fendit d'un large sourire* »
(illustration de John Tenniel
pour l'édition anglaise originale
parue en 1865).

– Comment savez-vous que je suis folle ? demanda Alice.

– Vous l'êtes sans doute, dit le Chat, sinon vous ne seriez pas venue par ici. »

Alice estima que cela ne prouvait rien du tout ; néan-
45 moins, elle poursuivit : « Et comment savez-vous que vous êtes fou ?

– Pour commencer, dit le Chat, un chien n'est pas fou. Vous l'admettez ?

– Je le suppose, répondit Alice.

50 – Eh bien, enchaîna le Chat, on voit qu'un chien gronde quand il est en colère et qu'il remue la queue quand il est content. Or, *moi*, je gronde quand je suis content et je remue la queue quand je suis en colère. Donc, je suis fou.

55 – *Moi*, j'appelle ça ronronner, pas gronder.

– Appelez ça comme vous voudrez, dit le Chat. Serez-vous de la partie de croquet aujourd'hui avec la Reine ?

– J'aimerais beaucoup, répondit Alice, mais je n'ai pas encore été invitée.

60 – Vous m'y verrez », dit le Chat ; et il disparut.

Alice n'en fut pas surprise outre mesure[1], tant elle s'habituait à voir de drôles de choses se produire. Comme elle regardait l'endroit où il s'était trouvé, il réapparut soudainement.

65 « Au fait, qu'est devenu le bébé ? demanda le Chat. J'allais oublier de vous poser la question.

– Il s'est changé en cochon, répondit Alice sans se troubler, comme si le retour du Chat était tout naturel.

---

note

1. outre mesure :
particulièrement.

– Je m'en doutais bien », dit le Chat ; et il disparut de nouveau.

Alice attendit un peu, s'attendant à le revoir, mais il n'apparut point, et, au bout d'une minute ou deux, elle porta ses pas vers l'endroit où le Lièvre de Mars était supposé habiter. « Des chapeliers, j'en ai déjà vu, se dit-elle ; le Lièvre de Mars sera bien plus intéressant et peut-être, puisqu'on est en mai, ne sera-t-il pas fou furieux – du moins pas aussi fou qu'il l'était en mars. » Levant alors les yeux, elle revit le Chat, de nouveau sur une branche d'arbre.

« Avez-vous dit "cochon" ou "cocon" ? demanda le Chat.

– J'ai dit "cochon", répondit Alice, et j'aimerais bien que vous cessiez d'apparaître et de disparaître si brusquement : vous donnez le tournis !

– Soit », dit le Chat ; et cette fois il disparut très lentement, en commençant par le bout de la queue et en finissant par le sourire, qui subsista[1] un moment après tout le reste.

« Ma parole ! se dit Alice. J'ai souvent vu un chat qui n'avait pas le sourire, mais un sourire de chat sans chat, ça alors ! C'est la chose la plus curieuse que j'aie jamais vue de toute ma vie ! »

Elle n'avait pas fait beaucoup de chemin lorsqu'elle parvint en vue de la maison du Lièvre de Mars : elle pensa que ce devait être la bonne maison, car les cheminées avaient la forme d'oreilles et le toit était couvert d'une fourrure qui tenait lieu de chaume[2]. C'était une demeure

notes

1. subsista : resta.
2. chaume : paille destinée
à couvrir le toit
des chaumières.

95 si vaste qu'elle jugea bon de ne pas s'en approcher avant d'avoir grignoté encore un peu du bout de champignon qu'elle tenait dans la main gauche et d'atteindre ainsi la taille d'environ soixante centimètres : et même alors, elle s'avança d'un pas assez timide, en se disant : « Supposons qu'il soit fou 100 furieux, après tout ! Je regrette presque de n'être pas plutôt allée chez le Chapelier ! »

Le sourire du Chat « *subsista*
un moment après tout le reste **»**
(illustration de John Tenniel).

Un thé de fous

Il y avait une table installée devant la maison, sous un arbre, et le Lièvre de Mars et le Chapelier y prenaient le thé ; un loir[1] était assis
5 entre eux, profondément endormi, et les deux autres en usaient[2] comme d'un coussin, accoudés sur lui et devisant par-dessus sa tête. « C'est fort incommode pour le Loir, pensa Alice, mais, comme il dort, je suppose qu'il n'en a que faire. »

10 La table était grande, mais tous trois se tenaient serrés à un coin. « Pas de place ! Pas de place ! s'écrièrent-ils en voyant venir Alice.

– Il y a *plein* de place ! s'exclama Alice avec indignation, et elle s'installa dans un vaste fauteuil à un bout de la table.

notes

1. loir : petit mammifère qui a la réputation de beaucoup dormir.
2. en usaient : s'en servaient.

15   – Prenez donc un peu de vin », proposa le Lièvre de Mars d'un ton encourageant.

Le regard d'Alice parcourut toute la table, mais il n'y avait que du thé. « Je ne vois pas de vin, fit-elle remarquer.

– Il n'y en a pas, dit le Lièvre de Mars.

20   – Dans ce cas, ce n'était pas très poli de votre part de m'en proposer, dit Alice avec humeur[1].

– Ce n'était pas très poli de votre part de vous asseoir sans y avoir été invitée, dit le Lièvre de Mars.

– J'ignorais que c'était *votre* table, dit Alice ; elle est mise

25   pour beaucoup plus de trois personnes.

– Vous avez besoin de vous faire couper les cheveux », dit le Chapelier. Cela faisait un moment qu'il considérait Alice avec une certaine curiosité et c'étaient là ses premières paroles.

30   « Vous devriez apprendre à ne pas faire de remarques personnelles, dit Alice avec sévérité, c'est très grossier. »

Entendant cela, le Chapelier ouvrit de grands yeux ; mais tout ce qu'il *dit* fut : « Pourquoi un corbeau ressemble-t-il à un bureau ? »[2]

35   « Bien – nous voilà partis pour nous amuser ! se dit Alice. Je suis contente qu'ils aient commencé à poser des devinettes. » Et d'ajouter à haute voix : « Je crois que je peux deviner cela.

notes

1. avec humeur : de façon agressive.
2. À Noël 1896, Lewis Carroll donna la réponse suivante à cette devinette : « *On m'a souvent demandé s'il y avait une réponse à la devinette du Chapelier ; j'en ai finalement trouvé une, "c'est qu'un bureau et un corbeau peuvent produire quelques notes, bien que très quelconques, et que jamais leur derrière n'est devant !" Mais c'est une idée qui m'est venue après coup ; à l'origine, quand je l'ai inventée, cette devinette n'avait pas de réponse* » (trad. d'André Bay, « Le Livre de Poche Jeunesse », Hachette Jeunesse, 2008).

    – Voulez-vous dire que vous croyez pouvoir trouver
40 la réponse ? demanda le Lièvre de Mars.

    – Exactement, répondit Alice.

    – Alors, vous devriez dire ce que vous pensez, poursuivit
le Lièvre de Mars.

    – C'est ce que je fais, dit aussitôt Alice ; du moins...
45 du moins, je pense ce que je dis... c'est la même chose, vous
savez.

    – Point du tout ! intervint le Chapelier. Vous pourriez
tout aussi bien affirmer que "Je vois ce que je mange" est
la même chose que "Je mange ce que je vois" !

50 — Vous pourriez aussi bien dire, renchérit[1] le Lièvre de Mars, que "J'aime ce que j'obtiens" est la même chose que "J'obtiens ce que j'aime" !

— Vous pourriez tout aussi bien dire, surenchérit le Loir, qui semblait parler dans son sommeil, que "Je respire quand 55 je dors" est la même chose que "Je dors quand je respire" !

— Dans ton cas, cela est vrai », dit le Chapelier, et alors la conversation tomba, et la tablée[2] resta silencieuse une minute, tandis qu'Alice faisait l'inventaire de tout ce dont elle pouvait se souvenir en matière de corbeaux et de 60 bureaux, ce qui ne représentait pas grand-chose.

Le Chapelier fut le premier à rompre le silence. « Quel jour du mois sommes-nous ? » demanda-t-il en se tournant vers Alice ; il avait sorti sa montre de son gousset et la consultait avec inquiétude en la secouant et en la 65 portant à son oreille de temps à autre.

Alice réfléchit un instant, puis répondit : « Le quatre.

— Deux jours de retard ! soupira le Chapelier. Je t'avais bien dit que le beurre n'irait pas pour les rouages[3], ajouta-t-il en dardant[4] un regard furieux au Lièvre de Mars.

70 — C'était du beurre de la meilleure qualité, répondit humblement celui-ci.

— Oui, mais des miettes ont dû se glisser dedans, grommela le Chapelier ; tu n'aurais pas dû introduire le beurre avec le couteau à pain. »

75 Le Lièvre de Mars se saisit de la montre et l'examina d'un air sombre ; puis il la plongea dans sa tasse de thé et la regarda

notes

1. **renchérit :** reprit pour insister.
2. **la tablée :** les personnes qui sont à table.

3. **rouages :** pièces qui s'emboîtent les unes dans les autres pour permettre le fonctionnement d'une machine ; il s'agit ici des engrenages de la montre.
4. **dardant :** lançant comme un dard.

de nouveau ; mais il ne trouva rien de mieux à dire que sa première remarque : « C'était du beurre de la meilleure qualité, tu sais. »

80   Prise de curiosité, Alice avait regardé par-dessus son épaule. « Quelle drôle de montre ! fit-elle remarquer. Elle indique le jour du mois et ne dit pas l'heure qu'il est !

– Pourquoi le ferait-elle ? marmonna le Chapelier. Est-ce que votre montre vous indique en quelle année nous
85   sommes ?

– Bien sûr que non, répondit Alice avec vivacité, mais c'est parce qu'elle reste à la même année pendant tellement longtemps.

– Ce qui est précisément le cas de *la mienne* », dit
90   le Chapelier.

Alice se sentit terriblement perplexe[1]. La remarque du Chapelier semblait dépourvue de sens, et pourtant elle était énoncée tout à fait correctement. « Je ne comprends pas très bien, dit-elle aussi poliment que possible.

95   – Le Loir s'est rendormi », dit le Chapelier, et il lui versa un peu de thé chaud sur le museau.

Le Loir secoua la tête avec impatience et dit, sans ouvrir les yeux : « Mais oui, mais oui ; c'est justement ce que j'allais faire remarquer moi-même.

100   – Alors, cette devinette, l'avez-vous résolue ? demanda le Chapelier en se tournant de nouveau vers Alice.

– Non, je renonce, répondit Alice. Quelle est la réponse ?

– Je n'en ai pas la moindre idée, dit le Chapelier.

– Moi non plus », dit le Lièvre de Mars.

105   Alice poussa un soupir de lassitude. « Je pense que vous pourriez faire un meilleur usage du temps que de le gaspiller

note

1. perplexe : indécise, embarrassée ; ne sachant quoi penser.

en posant des devinettes auxquelles il n'existe pas de réponse.

– Si vous connaissiez le Temps aussi bien que moi, dit le Chapelier, vous ne parleriez pas de le gaspiller comme s'il s'agissait d'une chose. Le Temps est quelqu'un.

– Je ne vois pas ce que vous voulez dire, dit Alice.

– Bien sûr que non ! dit le Chapelier en dressant la tête d'un air de mépris. Je suppose que vous n'avez même jamais parlé au Temps !

– Peut-être pas, répondit Alice avec prudence ; mais je sais que je dois battre le tempo[1] quand j'apprends la musique.

– Ah ! Voilà qui explique tout, dit le Chapelier. Il ne supporte pas d'être battu. Cela posé, si seulement vous étiez en bons termes avec lui, il ferait presque tout ce qu'il vous plairait avec la pendule. Par exemple, supposez qu'il soit neuf heures du matin, l'instant précis où commencent les leçons : vous n'auriez qu'à souffler un mot au Temps, et tac ! les aiguilles tourneraient en un clin d'œil ! Une heure et demie, l'heure de déjeuner !

("Si seulement", murmura le Lièvre de Mars.)

– Voilà qui serait épatant, dit Alice d'un ton songeur ; mais alors... je n'aurais pas l'appétit qu'il faut, vous savez.

– Pas sur le moment, peut-être, dit le Chapelier, mais vous pourriez garder la pendule sur une heure et demie aussi longtemps qu'il vous plairait.

– Faites-vous comme ça, *vous* ? » s'enquit[2] Alice.

Le Chapelier secoua la tête d'un air lugubre. « Pas moi ! répondit-il, nous nous sommes brouillés en mars dernier... juste avant que *lui*, là, devienne fou, vous savez... (et de

---

notes

1. **tempo :** rythme d'un morceau de musique.

2. **s'enquit :** demanda.

pointer sa cuillère à thé vers le Lièvre de Mars) ... c'était au grand concert donné par la Reine de Cœur, et je devais chanter :

> *Scintille, scintille, petite chauve-souris !*
> *Je me demande bien ce que tu fabriques !*

Vous connaissez la chanson, peut-être ?

– J'ai entendu quelque chose d'approchant, répondit Alice.

– Elle continue, vous savez, poursuivit le Chapelier, comme ceci :

> *Loin au-dessus du monde, tu voles*
> *Tel un plateau à thé dans le ciel.*
> *Scintille, scintille... »*

Là-dessus, le Loir se secoua et commença à chanter dans son sommeil : « *Scintille, scintille, scintille, scintille...* » et ainsi de suite pendant si longtemps qu'ils durent le pincer pour le faire s'arrêter.

« Eh bien, j'avais à peine achevé le premier couplet, dit le Chapelier, que la Reine beugla[1] : "Il massacre le tempo ! Qu'on le décapite !"

– Quelle épouvantable férocité ! s'exclama Alice.

– Et depuis lors, poursuivit le Chapelier sur un ton lugubre, le Temps refuse de faire tout ce que je lui demande ! Il est toujours six heures[2] désormais. »

notes

1. *beugla :* cria très fort. 2. *six heures :* heure à laquelle les Anglais ont coutume de prendre le thé *(teatime).*

160 Une brillante idée vint à l'esprit d'Alice. « Est-ce pour ça qu'il y a tant de tasses à thé sorties ? demanda-t-elle.

– Oui, c'est pour ça, répondit le Chapelier dans un soupir, c'est toujours l'heure du thé, et nous n'avons pas le temps de faire la vaisselle entre-temps.

165 – Alors, vous êtes sans cesse à tourner, je suppose ? dit Alice.

– Exactement, répondit le Chapelier, à mesure que les tasses ont servi.

– Mais que se passe-t-il quand vous revenez au point 170 de départ ? se hasarda à demander Alice.

– Si nous changions de sujet ? intervint le Lièvre de Mars dans un bâillement. J'en ai assez de celui-là. Je propose que la jeune demoiselle nous raconte une histoire.

– J'ai bien peur de n'en connaître aucune, dit Alice, 175 passablement alarmée par cette proposition.

– Eh bien, le Loir, alors ! s'exclamèrent-ils tous deux. Réveille-toi, le Loir ! » Et ils le pincèrent simultanément de chaque côté.

Le Loir ouvrit lentement les yeux. « Je ne dormais pas, 180 dit-il d'une voix faible et rauque. J'ai entendu tout ce que vous disiez, les gars.

– Raconte-nous une histoire ! fit le Lièvre de Mars.

– Oui, s'il vous plaît ! supplia Alice.

– Et plus vite que ça ! ajouta le Chapelier. Sans quoi 185 tu seras rendormi avant d'avoir fini.

– Il était une fois trois petites sœurs, commença le Loir avec un débit précipité, qui s'appelaient Elsie, Lacie et Tillie, et elles vivaient au fond d'un puits...

– De quoi vivaient-elles ? demanda Alice, qui portait 190 toujours un grand intérêt au boire et au manger.

– Elles vivaient de mélasse[1], répondit le Loir après une ou deux minutes de réflexion.

– Cela leur aurait été impossible, vous savez, fit gentiment remarquer Alice. Elles auraient été malades.

195 – Et elles l'étaient, dit le Loir. *Très* malades. »

Alice tenta de se représenter à quoi pouvait ressembler un mode de vie si extraordinaire, mais une telle perplexité la saisit qu'elle préféra poursuivre : « Mais pourquoi vivaient-elles au fond d'un puits ?

200 – Un peu plus de thé ? proposa le Lièvre de Mars à Alice avec le plus grand sérieux.

– Je n'en ai pas encore eu, répliqua Alice sur un ton offensé, de sorte que je ne saurais en prendre plus.

– Vous voulez dire que vous ne sauriez en prendre *moins*, 205 dit le Chapelier. Il est très facile de prendre plus que *rien*.

– Personne ne vous a demandé *votre* avis, dit Alice.

– Qui donc à présent se livre à des remarques personnelles ? » demanda le Chapelier sur un ton triomphant.

Alice ne sut trop que répondre à cela ; elle se servit donc 210 du thé et du pain beurré, puis, se tournant vers le Loir, elle répéta sa question : « Pourquoi vivaient-elles au fond d'un puits ? »

Le Loir s'accorda de nouveau une ou deux minutes de réflexion, puis répondit : « C'était un puits de mélasse.

215 – Ça n'existe pas ! » éclata Alice, mais le Chapelier et le Lièvre de Mars firent : « Chut ! Chut ! » et le Loir laissa tomber d'un ton maussade[2] : « Si vous ne pouvez pas être polie, vous feriez aussi bien de finir l'histoire vous-même.

---

notes

1. *mélasse :* sirop épais provenant du raffinage du sucre.

2. *maussade :* triste, sombre.

– Non, je vous en prie, continuez ! dit Alice. Je ne vous
220 interromprai plus. Je veux bien qu'il en existe *un*.

– Un seul, voyez-vous ça ! » dit le Loir avec indignation.
Néanmoins, il consentit à poursuivre. « Et donc ces trois
petites sœurs... elles apprenaient à tirer, voyez-vous...

– Qu'est-ce qu'elles tiraient ? demanda Alice, oubliant
225 complètement sa promesse.

– De la mélasse, répondit le Loir, sans s'arrêter cette fois
à réfléchir.

– Je veux une tasse propre, intervint le Chapelier.
Décalons-nous tous d'une place. »

230 Il en fit ainsi, suivi du Loir ; le Lièvre de Mars prit la place
du Loir, et Alice, non sans réticence, prit celle du Lièvre
de Mars. Le Chapelier fut le seul à tirer avantage du changement ; et Alice se trouva bien plus mal qu'auparavant car
le Lièvre de Mars venait de renverser le pot au lait dans son
235 assiette.

Soucieuse de ne pas offenser le Loir une fois encore,
Alice prit la parole avec grande précaution : « Mais je ne
comprends pas. D'où tiraient-elles la mélasse ?

– On peut bien tirer de l'eau d'un puits d'eau, dit
240 le Chapelier ; je pense donc qu'on peut tirer de la mélasse
d'un puits de mélasse... pas vrai, nunuche ?

– Mais elles se trouvaient *dans* le puits, dit Alice à l'adresse
du Loir, jugeant préférable d'ignorer ce dernier qualificatif.

– Bien sûr qu'elles s'y trouvaient, dit le Loir. En plein
245 dedans, même ! »

Cette réponse déconcerta tellement la pauvre Alice qu'elle
laissa le Loir s'exprimer quelque temps sans l'interrompre.

« Je disais donc qu'elles apprenaient à tirer... des traits,
enchaîna le Loir en bâillant et en se frottant les yeux, car

250 il commençait à avoir fort sommeil ; et elles dessinaient toutes sortes de choses... tout ce qui commence par un S...

– Pourquoi par un S ? demanda Alice.

– Pourquoi pas ? » répondit le Lièvre de Mars.

Alice ne pipa mot[1].

255 Le Loir avait alors fermé les yeux et allait s'assoupir ; mais, pincé par le Chapelier, il se réveilla en poussant un petit cri perçant et reprit : « ... qui commence par un S, comme *souricière*, *sublunaire*, *souvenir* et *sans queue ni tête*... vous savez, on dit de certaines choses qu'elles sont "sans queue

260 ni tête"... avez-vous jamais vu dessinée une chose sans queue ni tête ?

– À vrai dire, maintenant que vous me le demandez, admit Alice, au comble de l'embarras, je ne pense pas...

– En ce cas, il faut vous taire », dit le Chapelier.

265 Ce propos désobligeant[2] fut plus qu'Alice n'en pouvait supporter : dégoûtée, elle se leva et s'éloigna ; le Loir s'endormit aussitôt, et aucun des deux autres ne prêta la moindre attention à son départ, bien qu'elle se retournât une ou deux fois dans le vague espoir qu'ils la rappelle-

270 raient : la dernière fois qu'elle les vit, ils essayaient de fourrer le Loir dans la théière.

« Dans tous les cas, je ne reviendrai jamais *ici* ! déclara Alice en s'acheminant[3] dans la forêt. C'est le thé le plus stupide auquel j'aie jamais assisté de toute ma vie ! »

275 Comme elle prononçait ces mots, elle s'aperçut que l'un des arbres avait une porte permettant un accès direct à l'intérieur du tronc. « Comme c'est curieux ! se dit-elle. Mais

notes

1. *ne pipa mot :* ne dit rien.
2. *désobligeant :* désagréable, vexant.
3. *s'acheminant :* se dirigeant.

tout est curieux aujourd'hui. Je crois que je ferais aussi bien d'y entrer tout de suite. » Et elle joignit le geste à la parole.

280   Une fois de plus, elle se trouva dans la longue salle, et tout près de la petite table de verre. « Ce coup-ci, je vais mieux me débrouiller », se dit-elle ; tout d'abord, elle saisit la petite clef d'or et déverrouilla la porte qui menait au jardin. Puis elle se mit en devoir de grignoter un morceau du champi-

285   gnon (qu'elle avait gardé dans sa poche) jusqu'au moment où elle atteignit la taille d'environ trente centimètres, après quoi elle prit le petit corridor, et *là*... elle se trouva enfin dans le beau jardin, parmi les parterres de fleurs aux vives couleurs et les fraîches fontaines.

Au fil du texte

QUE S'EST-IL PASSÉ ENTRE-TEMPS ?

1. Quelle est la taille d'Alice lorsqu'elle rencontre
la Chenille ?

2. Pourquoi Alice considère-t-elle que la formule
de la Chenille *« Un côté vous fera grandir et l'autre côté
vous fera rapetisser »* est compliquée ?

3. Pourquoi le Pigeon prend-il Alice pour
un serpent ?

4. Quelle est la taille d'Alice lorsqu'elle entre dans
la maison de la Duchesse ? Quelle est sa taille
lorsqu'elle arrive chez le Lièvre de Mars ?

AVEZ-VOUS BIEN LU ?

5. Quels sont les personnages présents dans
le chapitre 7 ?

6. Alice est-elle invitée à prendre le thé ? Justifiez
votre réponse par une citation.

7. Quelle devinette est posée à Alice ? Quelqu'un
en connaît-il la réponse ? Quel est l'effet produit ?

8. Pourquoi Alice quitte-t-elle les personnages
à la fin du chapitre ? Justifiez votre réponse par
une citation.

ÉTUDIER LA GRAMMAIRE : LE TEMPS DANS LE RÉCIT

9. Relevez les compléments circonstanciels du début du chapitre à « *un bout de la table* » (l. 1 à 14, p. 59) et précisez leur sens (lieu, temps…). Pourquoi sont-ils nombreux au début du récit ?

10. Quels sont les temps des verbes dans le passage délimité à la question 9 ? Quelle est la valeur de ces temps ?

11. Quelles sont les différentes étapes de l'épisode ?

12. En quoi peut-on dire que le temps semble ne pas s'écouler malgré l'enchaînement des actions relevé dans la question précédente ?

ÉTUDIER L'INSERTION DU DIALOGUE DANS LE RÉCIT

13. Dans le passage des lignes 15 à 31 (de « *Prenez donc un peu de vin* » à « *c'est très grossier* », p. 60), quels sont les signes de ponctuation qui permettent l'insertion des paroles rapportées ?

14. Relevez les propositions incises⋆ dans le passage délimité. Que remarquez-vous ? Quel est l'effet produit ?

15. Quels sont les différents verbes de parole employés dans les incises narratives⋆ tout au long du chapitre ? Quel est l'intérêt de cette diversité ?

16. Les paroles rapportées sont-elles toujours insérées dans le récit grâce à une incise narrative ? Justifiez votre réponse.

⋆ **proposition incise :** proposition qui permet d'insérer une parole dans un récit, telle que « dit-il ».

⋆ **incise narrative :** proposition incise (voir note précédente).

ÉTUDIER LA LOGIQUE ET L'ABSURDE

17. En quoi le titre du chapitre « Un thé de fous » est-il justifié ?

18. Dans quelle mesure Alice tente-t-elle d'introduire une logique dans la scène absurde à laquelle elle assiste ?

19. Relevez les passages où l'on voit que Lewis Carroll était un mathématicien. Que veut-il nous dire, selon vous ?

LIRE L'IMAGE

20. Pourquoi John Tenniel a-t-il dessiné plus de tasses que de convives (p. 61) ?

21. Comment est exprimée l'opposition entre Alice et les trois autres personnages ?

À VOS PLUMES !

22. Le temps s'est arrêté à l'heure du thé pour les trois personnages. Imaginez à votre tour un récit au cours duquel trois personnages se trouvent, à un moment et dans un lieu de votre choix, prisonniers du temps.

Votre récit sera rédigé au passé et vous insérerez du dialogue en veillant à varier les verbes introducteurs (voir question 15).

**La Reine, en colère contre Alice,
demande en hurlant qu'on lui tranche la tête,
illustration de John Tenniel.**

Le terrain de croquet de la Reine

[Le jardin merveilleux dans lequel Alice venait de pénétrer était le royaume des cartes à jouer sur lequel régnait la tyrannique Reine de Cœur. Cette dernière ordonna qu'on se mette à jouer au croquet.]

Alice se dit qu'elle n'avait jamais vu, de sa vie, un terrain de croquet aussi curieux : il était tout en crêtes et en sillons[1] ; les boules étaient des hérissons vivants, les maillets[2] des flamants vivants, et les soldats devaient se plier en deux, pieds et mains au sol, pour faire office d'arceaux[3].

La principale difficulté pour Alice fut d'abord de manier son flamant : elle parvenait à le tenir assez confortablement sous son bras, les pattes pendantes, mais la plupart du temps,

notes

1. sillons : fossés.
2. maillets : sortes de cannes utilisées dans le jeu de croquet.

3. arceaux : arcs sous lesquels les joueurs doivent faire passer leur boule en bois en la frappant avec le maillet.

au moment précis où elle avait réussi à lui faire bien tendre
10 le cou, pour s'apprêter à frapper le hérisson avec la tête,
il se retournait et levait les yeux vers elle avec une telle
perplexité qu'elle ne pouvait s'empêcher d'éclater de rire ;
et quand elle lui avait fait baisser la tête et se tenait prête
à recommencer, il était fort exaspérant de constater que
15 le hérisson s'était déroulé et avait entrepris de s'éloigner ;
de surcroît[1], il y avait généralement une crête ou un sillon
sur la trajectoire qu'elle souhaitait faire prendre au hérisson,
et, comme les soldats ne cessaient de se déplier pour
se rendre en d'autres parties du terrain, Alice en conclut
20 bientôt que c'était là un jeu vraiment très difficile.

Les joueurs jouaient tous en même temps, sans attendre
leur tour, tout le temps à se quereller et à se disputer les
hérissons ; et, en fort peu de temps, la Reine entra dans une
rage folle, trépignant et hurlant : « Qu'on décapite celui-ci !
25 Qu'on décapite celle-là ! » à peu près une fois par minute.

Alice commença à se sentir fort mal à l'aise : certes, elle
ne s'était pas encore disputée avec la Reine, mais elle savait
que cela pouvait se produire à tout moment, « et alors,
pensa-t-elle, que m'arriverait-il ? Ils raffolent terriblement
30 des décapitations par ici ; l'étonnant, c'est qu'il reste des
survivants ! »

Elle regardait alentour pour trouver un moyen de s'enfuir
et se demandait si elle pourrait s'éloigner sans être vue,
lorsqu'elle remarqua une curieuse apparition dans les airs ;
35 elle en fut d'abord très intriguée, mais, après un examen
d'une ou deux minutes, elle discerna un sourire et se dit :
« C'est le Chat du Cheshire : je vais maintenant avoir
quelqu'un à qui parler. »

note

1. *de surcroît :* de plus.

« Comment vous portez-vous ? » demanda le Chat dès
40 qu'il eut assez de bouche pour parler.

Alice attendit l'apparition des yeux pour lui adresser
un signe de tête. « C'est inutile de lui parler, se dit-elle, tant
que ses oreilles ne seront pas là, ou du moins l'une
d'elles. » Une minute plus tard, la tête entière apparut ; Alice
45 déposa alors son flamant et entama un compte-rendu
de la partie, très heureuse d'avoir quelqu'un pour l'écouter.
Le Chat semblait trouver qu'il y avait assez de sa personne
en vue, et à cela se borna son apparition.

« Je trouve qu'ils ne jouent absolument pas à la loyale[1],
50 commença Alice d'un ton quelque peu chagrin, ils se dispu-
tent si affreusement qu'on ne s'entend pas parler... et ils
semblent n'avoir aucune règle établie ; en tout cas, s'il y
en a une, personne ne s'y conforme... et vous n'imaginez pas
à quel point c'est déroutant d'avoir à faire avec toutes ces
55 choses vivantes : par exemple, l'arceau sous lequel je dois
passer est en train de se balader à l'autre bout du terrain...
et là, juste à l'instant, j'aurais dû croquer[2] le hérisson de
la Reine s'il ne s'était carapaté[3] en voyant arriver le mien !

– Et la Reine ? L'aimez-vous bien ? demanda le Chat
60 en sourdine.

– Pas du tout, répondit Alice. Elle est tellement... » À cet
instant, elle se rendit compte que la Reine se tenait juste
derrière son dos, à écouter, et elle enchaîna ainsi : « ... en
position de gagner qu'il est presque inutile de terminer
65 la partie. »

La Reine sourit et passa son chemin.

---

notes

1. à la loyale : en respectant
la règle du jeu.

2. croquer : frapper la balle
d'un autre joueur avec sa
propre balle.

3. carapaté : enfui (familier).

« À qui parlez-vous donc ? demanda le Roi qui s'approchait d'Alice en considérant la tête du Chat avec une grande curiosité.

70 — C'est un ami à moi... un Chat du Cheshire, répondit Alice ; permettez-moi de vous le présenter.

— Sa mine ne me revient pas du tout, dit le Roi ; néanmoins, s'il le désire, il peut me baiser la main.

— J'aimerais autant pas, lâcha le Chat.

75 — Ne faites pas l'impertinent, dit le Roi. Et ne me regardez pas comme ça ! ajouta-t-il en se plaçant derrière Alice.

— Un chat peut regarder un roi, dit Alice. J'ai lu ça dans un livre, mais je ne me rappelle plus lequel.

— Eh bien, il doit être éliminé, dit le Roi d'un ton très
80 décidé, et il appela la Reine qui passait par là : "Ma chère ! J'aimerais que vous fassiez éliminer ce chat !" »

La Reine n'avait qu'un remède à toutes les difficultés, grandes ou petites. « Qu'on lui tranche la tête ! s'écria-t-elle sans même se retourner.

85 — Je m'en vais chercher moi-même le bourreau de ce pas », lança le Roi en s'éloignant avec empressement.

Entendant au loin la Reine pousser des hurlements de fureur, Alice se dit qu'elle ferait aussi bien de retourner voir comment se déroulait la partie. Elle l'avait déjà
90 entendue condamner trois des joueurs à la peine capitale[1] pour avoir laissé passer leur tour, et la tournure que prenaient les choses ne lui plaisait pas du tout, la pagaille[2] étant telle dans la partie qu'elle ne pouvait savoir si c'était son tour ou non. Aussi partit-elle à la recherche de son
95 hérisson.

notes

1. *peine capitale :* peine de mort.   2. *pagaille :* désordre.

Celui-ci était engagé dans un combat avec un autre hérisson, et Alice vit là une excellente occasion de croquer l'un avec l'autre ; la seule difficulté, c'était que son flamant était parti de l'autre côté du jardin, où elle put le voir tenter
100 sans grand succès de se percher dans un arbre.

Une fois qu'elle l'eut attrapé et ramené, le combat avait pris fin, et les deux hérissons étaient hors de vue ; « mais cela n'a pas grande importance, se dit Alice, puisque tous les arceaux ont quitté ce côté du terrain ». Elle prit donc
105 le flamant sous son bras afin qu'il ne s'échappe plus et retourna vers son ami pour reprendre leur causette[1].

Revenue auprès du Chat du Cheshire, elle fut surprise de trouver toute une foule autour de lui ; une dispute avait éclaté entre le bourreau, le Roi et la Reine, qui parlaient
110 tous les trois à la fois, tandis que les autres se tenaient cois et paraissaient fort mal à l'aise.

Dès qu'Alice apparut, les trois en appelèrent à elle pour aplanir le différend[2] ; ils lui exposèrent leurs arguments, mais, comme ils parlaient tous en même temps, elle trouva
115 pour le moins ardu[3] de comprendre exactement leurs propos.

L'argument du bourreau, c'était qu'on ne pouvait trancher une tête qu'à la condition qu'il y eût un corps dont elle fût détachable, qu'il n'avait jamais eu pareille chose à
120 accomplir et qu'il n'allait pas commencer à ce point-là de sa vie.

L'argument du Roi, c'était que tout ce qui avait une tête pouvait être décapité, et qu'il fallait cesser de débiter des absurdités.

notes

1. **causette :** conversation légère, amicale.   2. **différend :** désaccord.   3. **ardu :** difficile.

**La bataille d'arguments entre le bourreau, le Roi et la Reine,
illustration de John Tenniel.**

125   L'argument de la Reine, c'était que, si rien n'était tranché à l'instant même, elle allait faire exécuter toutes les personnes à la ronde (c'était cette dernière sortie qui avait imprimé une telle gravité et une telle anxiété dans l'assemblée).

130   Alice ne trouva rien d'autre à dire que la chose suivante : « Il appartient à la Duchesse ; c'est à *elle* qu'il vaudrait mieux demander.

    – Elle est en prison, dit la Reine au bourreau ; allez l'y quérir[1]. » Et le bourreau fila comme une flèche.

135   Sitôt qu'il fut parti, la tête du Chat commença à s'estomper[2], et, au moment où il revint avec la Duchesse, elle avait entièrement disparu. Le Roi et le bourreau se lancèrent comme des fous à sa recherche, et le reste de l'assemblée alla reprendre la partie.

[Dans les chapitres 9 et 10, Alice fit la connaissance d'un griffon qui lui présenta la Simili-Tortue. La petite fille, en compagnie de ses nouveaux amis, était en train d'apprendre à chanter le *Quadrille du homard* quand elle entendit : « *Le procès est commencé !* » Le Griffon l'entraîna sans qu'elle sache de quel procès il s'agissait.]

---

notes

1. quérir : chercher.

2. s'estomper : perdre sa netteté, s'effacer.

Au fil du texte

AVEZ-VOUS BIEN LU ?

1. Pour chaque réplique, citez le nom du personnage qui la prononce.

a) « Sa mine ne me revient pas du tout. »

b) « Qu'on décapite celui-ci ! Qu'on décapite celle-là ! »

c) « Ma chère ! J'aimerais que vous fassiez éliminer ce chat ! »

d) « Que m'arriverait-il ? »

e) « Et la Reine ? L'aimez-vous bien ? »

f) « J'aimerais autant pas. »

2. Remettez dans l'ordre de leur apparition dans le texte les répliques citées à la question 1.

3. Quelle est la principale caractéristique du Chat du Cheshire ?

ÉTUDIER LE VOCABULAIRE ET LA GRAMMAIRE

4. Dans le passage des lignes 49 à 58, p. 77, (« *Je trouve qu'ils ne jouent* […] *en voyant arriver le mien !* »), quelles sont les expressions qui expriment les sentiments d'Alice quant à la partie de croquet ?

5. Relevez les adjectifs qualificatifs ou participes passés pris comme adjectifs dans le passage délimité pour la question 4 et donnez leur fonction.

6. Parmi les adjectifs qualificatifs relevés à la question précédente, lequel peut être également un nom ? Donnez le verbe correspondant.

7. Parmi les adjectifs relevés à la question 5, quel est celui qui, selon vous, caractérise le mieux la partie de croquet ? Justifiez votre réponse.

ÉTUDIER LE MERVEILLEUX*

8. Quels éléments relèvent du merveilleux dans ce passage ?

9. Dans l'ensemble du passage étudié, comment les éléments merveilleux du pays des rêves se mêlent-ils à la réalité ?

** merveilleux :
irréel accepté
par les
personnages
(voir p. 125).*

ÉTUDIER LA REPRÉSENTATION DU POUVOIR

10. Quels sont les deux personnages qui exercent une autorité dans le passage ? Comment se manifeste leur pouvoir ?

11. Quel est, des deux personnages au pouvoir, celui qui vous semble détenir la plus grande autorité ? Justifiez précisément votre réponse.

12. Comment Alice et le Chat réagissent-ils à cette autorité ?

13. Que pensez-vous des décisions prises par le Roi et la Reine ?

14. Au bout du compte, le Roi et la Reine exercent-ils une réelle autorité ? Justifiez précisément votre réponse.

ÉTUDIER LE DISCOURS ARGUMENTATIF*
(L. 112 À 134, PP. 79-81)

15. Quelle est la question débattue dans le passage délimité ? En quoi est-elle à la fois logique et absurde ?

16. Trois arguments sont rapportés au style indirect*. Réécrivez-les au style direct*. Quelles sont les modifications effectuées ?

17. L'argument d'Alice est rapporté au style direct ; réécrivez-le au style indirect en commençant par : « L'argument d'Alice... »

18. Parmi les propos des quatre personnages, lesquels ne constituent pas des arguments ?

LIRE L'IMAGE

19. Comment John Tenniel, dans son illustration (p. 80), exprime-t-il l'aspect merveilleux* du récit ?

20. Qu'est-ce qui permet d'identifier les trois personnages au premier plan ?

21. Commentez la disposition des personnages et l'absence d'Alice.

À VOS PLUMES !

22. Lewis Carroll imagine une partie de croquet extraordinaire où les accessoires sont vivants ; à votre tour, imaginez, sans aucune violence et avec beaucoup de fantaisie, un jeu (jeu de société, sport...) extraordinaire. Vous veillerez, à la manière de ce qui se passe dans *Alice au pays des merveilles*, à mêler merveilleux et réalisme.

23. Vous traiterez le sujet précédent en remplaçant le jeu par la répétition d'un orchestre.

discours argumentatif : propos qui vise à emporter l'adhésion de celui qui écoute grâce à des arguments (raisons, idées) et à des procédés.

style indirect : la parole est insérée dans une proposition subordonnée.

style direct : on lit la parole prononcée par le personnage.

merveilleux : irréel accepté par les personnages (voir p. 125).

Qui a volé les tartes ?

À leur arrivée, le Roi et la Reine de Cœur siégeaient sur leur trône, entourés d'une foule nombreuse (toutes sortes d'animaux, dont de petits oiseaux, et le paquet de cartes au complet). Devant eux, le Valet se tenait enchaîné, avec un soldat de chaque côté pour le garder ; et près du Roi se trouvait le Lapin Blanc, une trompette dans une main et un rouleau de parchemin dans l'autre. Placée exactement au milieu de la salle d'audience, une table supportait un grand plat de tartes : elles paraissaient si bonnes qu'Alice eut faim rien qu'en les regardant. « Je voudrais bien que le procès soit terminé, pensa-t-elle, et qu'on serve la collation[1] ! » Mais comme cela semblait peu probable, elle se mit à regarder alentour pour faire passer le temps.

Alice ne s'était encore jamais trouvée dans un tribunal, mais elle avait lu des choses à ce sujet dans des livres et fut

note
1. collation : repas léger.

ravie de constater qu'elle était à même de nommer presque tout ce qui l'environnait. « Celui-ci est le juge, se dit-elle,
20 en raison de sa grande perruque. »

Le juge n'était d'ailleurs autre que le Roi ; et comme il portait sa couronne par-dessus la perruque (reportez-vous au frontispice[1] si vous souhaitez voir ce que ça donnait), il ne paraissait guère à son aise, et le résultat n'avait assuré-
25 ment rien de seyant[2].

« Et ceci est le banc du jury[3], se dit Alice ; et quant à ces douze créatures (elle était tenue d'employer ce mot de "créatures", voyez-vous, car il y avait là des oiseaux mêlés à d'autres animaux), je suppose qu'il s'agit des jurés[4]. » Elle
30 se redit deux ou trois fois ce dernier mot, non sans éprouver une certaine fierté, car elle pensait, et avec raison, que très rares étaient les petites filles de son âge qui en connaissaient le sens. Toutefois, l'expression « membres du jury » eût convenu tout aussi bien.

35 Les douze jurés étaient tous fort occupés à écrire sur des ardoises. « Qu'est-ce qu'ils font ? chuchota Alice au Griffon. Ils ne peuvent avoir quelque chose à noter avant que le procès ait débuté.

– Ils notent leur nom, répondit le Griffon à voix basse,
40 de peur de l'oublier avant la fin du procès.

– Quels imbéciles ! » s'exclama Alice d'une voix vibrante d'indignation, mais elle s'arrêta là, car le Lapin Blanc criait : « Silence dans la salle ! » tandis que le Roi chaussait ses lunettes et jetait des regards anxieux à la ronde pour décou-
45 vrir qui parlait ainsi.

---

notes

1. frontispice : illustration se rapportant à un titre (voir, p. 7, celle évoquée dans le texte).

2. seyant : se dit d'un vêtement ou d'une coiffure qui va bien à une personne.

3. jury : groupe formé par les personnes qui vont juger l'accusé.

4. jurés : membres du jury.

Alice put voir, aussi bien que si elle avait regardé par-dessus leurs épaules, que tous les jurés étaient en train d'écrire « *Quels imbéciles !* » sur leurs ardoises, et elle remarqua même que l'un d'eux, ne sachant orthographier *imbéciles*, fut amené à demander à son voisin de le lui indiquer. « Elles vont être belles, leurs ardoises, d'ici à la fin du procès ! » pensa Alice.

L'un des jurés avait un crayon qui crissait[1]. Ne pouvant naturellement le supporter, Alice fit le tour de la salle pour se placer derrière lui et trouva bien vite l'occasion de lui subtiliser[2] l'objet. Elle agit avec une telle célérité[3] que le pauvre petit juré (c'était Bill[4], le Lézard) n'eut pas la moindre idée de ce qu'était devenu son crayon ; aussi, après avoir cherché partout, se vit-il réduit à écrire avec un doigt pendant le reste de la journée ; plutôt en vain, étant donné que le doigt ne laissait aucune trace sur l'ardoise.

« Héraut[5], lisez l'acte d'accusation ! » ordonna le Roi.

À ces mots, le Lapin Blanc sonna par trois fois de sa trompette, puis déroula le parchemin et lut ce qui suit :

> *La Reine de Cœur, elle avait fait des tartes,*
> *Tout au long d'un jour d'été ;*
> *Le Valet de Cœur, il vola ces tartes*
> *Pour bien loin les emporter !*

notes

1. *crissait :* grinçait.
2. *subtiliser :* voler discrètement.
3. *célérité :* rapidité.
4. *Bill :* personnage rencontré dans le chapitre 4.

5. *Héraut :* personne chargée d'annoncer les nouvelles.

« Préparez-vous à rendre votre verdict[1], dit le Roi au jury.

70 — Pas encore, pas encore ! s'empressa de dire le Lapin. Il y a encore beaucoup à faire avant d'en arriver là !

— Appelez le premier témoin », dit le Roi.

Le Lapin Blanc sonna encore par trois fois de sa trompette et appela : « Premier témoin ! »

75 Le premier témoin était le Chapelier. Il entra, tenant une tasse de thé d'une main et, de l'autre, une tartine beurrée. « Je demande pardon à Votre Majesté, commença-t-il, de me présenter avec tout ceci, mais je n'avais pas complètement fini mon thé quand on m'a fait appeler.

80 — Vous auriez dû avoir fini, dit le Roi. Quand avez-vous commencé ? »

Le Chapelier regarda le Lièvre de Mars qui l'avait suivi dans la salle du tribunal, bras dessus bras dessous avec le Loir. « Le quatorze mars, je *crois* bien, dit-il.

85 — Le quinze, dit le Lièvre de Mars.

— Le seize, dit le Loir.

— Prenez note de tout cela », ordonna le Roi au jury, et les jurés notèrent les trois dates sur leurs ardoises, firent l'addition et convertirent le total en shillings et en pence[2].

90 « Ôtez votre chapeau, ordonna le Roi au Chapelier.

— Ce n'est pas le mien, dit le Chapelier.

— *Volé !* s'exclama le Roi en se tournant vers les jurés qui consignèrent[3] aussitôt le fait.

— Je détiens des chapeaux pour les vendre, dit le Chapelier
95 en guise d'explication. Je n'en possède aucun à titre personnel. Je suis chapelier. »

notes

1. **verdict :** jugement. 2. **shillings, pence :** monnaies anglaises. 3. **consignèrent :** notèrent.

À ces mots, la Reine chaussa ses lunettes et se mit à dévisager le Chapelier avec une insistance qui le fit pâlir et se trémousser[1].

100 « Faites votre déposition, ordonna le Roi, et ne vous agitez pas ou bien je vous fais exécuter sur-le-champ. »

Ceci ne sembla guère encourager le témoin : il ne cessa de se dandiner d'un pied sur l'autre, jetant des regards inquiets vers la Reine, et, désemparé, cassa d'un coup de 105 dent un gros morceau de sa tasse au lieu de mordre dans sa tartine beurrée.

À cet instant précis, Alice éprouva une très curieuse sensation, qui l'intrigua fort jusqu'au moment où elle comprit ce qui se passait : elle recommençait à grandir ; elle 110 songea d'abord à se lever et à quitter le tribunal ; mais, réflexion faite, elle décida de demeurer où elle se trouvait aussi longtemps qu'il y aurait assez de place pour elle.

« Si vous pouviez arrêter de me serrer comme ça, dit le Loir qui était assis à côté d'elle. J'ai peine à respirer.

115 — Je n'y peux rien, dit Alice avec beaucoup d'humilité[2], je suis en train de grandir.

— Vous n'avez pas le droit de grandir *ici*, dit le Loir.

— Ne dites pas de sottises, répliqua Alice plus hardiment[3] ; vous savez bien que vous grandissez, vous aussi.

120 — Oui, mais moi c'est à une allure raisonnable, dit le Loir, et non pas de cette façon ridicule. » Et, faisant grise mine, il se leva pour traverser la salle.

Pendant tout ce temps, la Reine n'avait pas une fois détaché ses yeux du Chapelier et, au moment où le Loir

---

notes

1. *se trémousser :* s'agiter sur place, se tortiller.

2. *humilité :* soumission, modestie.

3. *hardiment :* courageusement.

125 traversa la salle, elle lança à l'un des huissiers[1] :
« Apportez-moi la liste des chanteurs du dernier concert ! »

Là-dessus, le malheureux Chapelier fut saisi d'un tel trem-
blement qu'il en perdit ses deux souliers.

« Faites votre déposition, répéta le Roi avec colère, sans
130 quoi je vous fais exécuter, que vous soyez agité ou non.

– Je suis un pauvre homme, Votre Majesté, commença
le Chapelier d'une voix chevrotante[2]... et je n'avais pas
commencé mon thé... pas depuis plus d'une semaine,
en tout cas... et avec ça les tartines sont devenues tellement
135 minces... et le tremblotement scintillant du thé...

– Le tremblotement scintillant du *quoi* ? demanda le Roi.

– Tout *a commencé* par un thé, répondit le Chapelier.

– Bien entendu, *Tout* commence par un *T* ! dit le Roi
d'un ton sec. Me prenez-vous pour un âne ? Poursuivez !

140 – Je suis un pauvre homme, reprit le Chapelier, et
la plupart des choses ont trembloté après ça... mais alors
le Lièvre de Mars a dit...

– Pas du tout ! intervint le Lièvre de Mars.

– Mais si ! dit le Chapelier.

145 – Je le nie ! dit le Lièvre de Mars.

– Il le nie, dit le Roi. Laissez cela de côté.

– Ma foi, toujours est-il que le Loir a dit... » reprit
le Chapelier en se tournant anxieusement pour voir si
n'allait pas venir encore un démenti[3] ; mais le Loir ne nia
150 rien car il dormait profondément.

« Après ça, poursuivit le Chapelier, j'ai coupé quelques
autres tartines...

notes

1. huissiers : dans un
tribunal, personnes chargées
de faire entrer les témoins et
d'apporter les papiers.

2. chevrotante : tremblante.
3. démenti : affirmation
contraire.

– Mais qu'a donc dit le Loir ? demanda l'un des jurés.

– Ça, je ne m'en souviens plus, dit le Chapelier.

155 – Vous *devez* vous en souvenir, remarqua le Roi, sinon vous serez exécuté. »

Le malheureux Chapelier laissa tomber tasse et tartine, et mit un genou en terre. « Je suis un pauvre homme, Votre Majesté, répéta-t-il.

160 – Vous êtes un *très* pauvre *orateur*[1] », dit le Roi.

À cet instant, l'un des cochons d'Inde applaudit et fut promptement[2] étouffé par les huissiers. (Le mot étant plutôt dur, je vous expliquerai simplement comment on procéda. Ils avaient un grand sac de toile, qui se fermait avec 165 un cordon : ils fourrèrent le cochon d'Inde dedans, tête la première, puis s'assirent dessus.)

« Je suis contente d'avoir assisté à ça, se dit Alice ; j'ai si souvent lu dans les journaux, à la fin d'un procès : *"Il y eut quelques tentatives d'applaudissements, qui furent promptement* 170 *étouffées par les huissiers"*, et, jusqu'à maintenant, je n'avais jamais compris ce que cela voulait dire. »

« Si c'est là tout ce que vous savez, vous pouvez quitter la barre[3], reprit le Roi.

– Je me trouve bien au-dessous de ça, dit le Chapelier, 175 je suis d'ores et déjà au niveau du parquet.

– Dans ce cas, vous pouvez aller vous *asseoir* », dit le Roi.

À cet instant, l'autre cochon d'Inde applaudit et fut étouffé.

« Bien, en voilà terminé avec les cochons d'Inde ! se dit 180 Alice. Maintenant ça va aller mieux. »

---

notes

1. *orateur :* personne qui parle en public.

2. *promptement :* rapidement.

3. *barre :* dans un tribunal, lieu où l'on se tient pour témoigner.

« J'aimerais mieux finir mon thé, dit le Chapelier en jetant un regard anxieux vers la Reine, qui lisait la liste des chanteurs.

– Vous pouvez vous retirer, dit le Roi, et le Chapelier
185 s'empressa de quitter la salle, sans même prendre le temps de remettre ses souliers.

– ... et qu'on lui coupe la tête dès qu'il sera dehors, ajouta la Reine à l'intention de l'un des huissiers ; mais, avant même que celui-ci parvînt à la porte, le Chapelier avait
190 disparu.

– Qu'on appelle le témoin suivant ! » ordonna le Roi.

Le témoin suivant était la cuisinière de la Duchesse. Elle avait la poivrière à la main, et Alice devina de qui il s'agissait, avant même qu'elle fût entrée dans la salle, à la façon dont les
195 gens près de la porte furent tous pris d'éternuements en même temps.

« Faites votre déposition, ordonna le Roi.

– Je n'en ferai rien », dit la cuisinière.

Le Roi jeta un regard anxieux au Lapin Blanc, qui dit
200 à voix basse : « Votre Majesté se doit de faire subir un contre-interrogatoire à ce témoin-*ci*.

– Eh bien, faisons comme il se doit, dit le Roi d'un air mélancolique[1], et, après avoir croisé les bras et considéré la cuisinière en fronçant les sourcils au point que ses yeux
205 disparurent presque complètement, il demanda d'une voix grave : De quoi sont faites les tartes ?

note

1. *mélancolique :* triste.

210 — Essentiellement de poivre, répondit la cuisinière.

— De mélasse, murmura derrière elle une voix pâteuse.

— Saisissez ce Loir au collet ! hurla la Reine d'une voix stridente. Décapitez ce Loir ! Expulsez ce Loir de la salle ! Étouffez-le ! Pincez-le ! Arrachez-lui les moustaches ! »

215 Une grande confusion régna dans le tribunal pendant le temps nécessaire à l'expulsion du Loir, et, une fois que tous eurent regagné leur place, la cuisinière avait disparu.

« Qu'à cela ne tienne ! dit le Roi, l'air fort soulagé. Faites appeler le témoin suivant. » Et d'ajouter à mi-voix à l'inten-
220 tion de la Reine : « Vraiment, ma chère, c'est à *vous* que revient d'interroger contradictoirement le prochain témoin. Cela me donne une telle migraine ! »

Alice observa le Lapin Blanc qui s'échinait[1] sur la liste, fort curieuse de voir quel serait le prochain témoin, « car, *jusqu'à*
225 *maintenant*, ils n'ont pas rassemblé beaucoup de preuves », se disait-elle. Imaginez sa surprise lorsque le Lapin Blanc appela à tue-tête, de sa petite voix criarde : « Alice ! »

note

1. s'échinait : se donnait de la peine.

Le Roi siégeant sur son trône, dans la salle d'audience du tribunal, illustration de John Tenniel pour l'édition originale anglaise parue en 1865.

La déposition d'Alice

[Alice, appelée à la barre, continuait de grandir.]

« Que les jurés délibèrent[1], ordonna le Roi pour ce qui était peut-être la vingtième fois de la journée.

– Non, non ! s'écria la Reine. La condamnation d'abord... le verdict ensuite.

5 – Balivernes ![2] s'exclama Alice. Quelle idée de commencer par la condamnation !

– Tenez votre langue ! ordonna la Reine en s'empourprant.

– Certainement pas ! répliqua Alice.

10 – Qu'on la décapite ! » fit la Reine à tue-tête. Nul ne bougea.

notes

1. délibèrent : débattent pour arriver à une décision.
2. Balivernes ! : Sottises !

« Qui se soucie donc de vous ? demanda Alice (qui avait à présent retrouvé toute sa taille). Vous n'êtes qu'un paquet de cartes ! »

15 À ces mots, toutes les cartes s'envolèrent, puis retombèrent sur Alice ; elle poussa un petit cri, moitié de frayeur, moitié de colère, et tenta de les repousser, et se retrouva allongée sur le talus, la tête sur les genoux de sa sœur qui écartait délicatement quelques feuilles mortes tombées des
20 arbres sur son visage.

« Réveille-toi, Alice chérie ! Quel long somme tu as fait, dis donc !

– Oh, j'ai fait un rêve tellement curieux ! » dit Alice, et elle raconta à sa sœur, du mieux qu'elle put se les rappeler, toutes
25 ces étranges Aventures que vous venez de lire ; et quand elle eut fini, sa sœur l'embrassa et dit : « C'était certainement un rêve curieux, ma chérie ; mais maintenant file vite à la maison prendre ton thé : il se fait tard. » Alice se leva donc et fila tout en s'appliquant à songer au merveilleux rêve que
30 cela avait été.

Mais sa sœur resta assise comme elle l'avait laissée, la tête dans les mains, observant le soleil couchant et pensant à la petite Alice et à toutes ses merveilleuses Aventures, jusqu'au moment où elle aussi se mit rêver, à sa façon,
35 et voici quel fut son rêve :

Tout d'abord, elle rêva de la petite Alice elle-même : de nouveau, les mains menues se joignirent sur ses genoux, et les yeux brillants et impatients se levèrent vers les siens... elle entendit les intonations mêmes de sa voix et vit ce drôle
40 de petit mouvement de tête qu'elle faisait pour repousser la mèche baladeuse qui *voulait* toujours lui tomber devant les

yeux... et tandis qu'elle écoutait, ou semblait écouter, tout le lieu où elle se trouvait fut animé par les étranges créatures du rêve de sa petite sœur.

45   Les longues herbes à ses pieds se mirent à bruire[1] au passage hâtif[2] du Lapin Blanc... la Souris effrayée fit des éclaboussures en traversant la mare voisine... elle entendit le cliquetis des tasses à thé tandis que le Lièvre de Mars et ses amis partageaient leur interminable collation, et la voix perçante
50 de la Reine ordonnant l'exécution de ses infortunés[3] invités... une fois encore, le bébé-cochon éternua sur les genoux de la Duchesse, tandis que plats et assiettes venaient se fracasser autour de lui... une fois encore, le cri strident du Griffon, le crissement du crayon d'ardoise du Lézard
55 et la suffocation des cochons d'Inde étouffés emplirent l'air, mêlés aux lointains sanglots de la malheureuse Simili-Tortue[4].

    Ainsi resta-t-elle assise, les yeux clos, se croyant à moitié au Pays des Merveilles, même si elle savait qu'il lui suffisait
60 de les rouvrir pour que tout retourne à la morne réalité... l'herbe ne frémirait plus qu'au vent, et la mare ne se riderait plus qu'au mouvement des roseaux... le cliquetis des tasses à thé ferait place au tintement des sonnailles[5] des moutons, et les cris aigus de la Reine à la voix du jeune berger...
65 et l'éternuement du bébé, le cri strident du Griffon et tous les autres bruits bizarres deviendraient (elle le savait) la clameur confuse de la basse-cour affairée, tandis que le meuglement du bétail viendrait remplacer les gros sanglots de la Simili-Tortue.

notes

1. bruire : produire un bruit léger.
2. hâtif : rapide.
3. infortunés : malheureux.

4. Simili-Tortue : personnage rencontré dans le chapitre 9.
5. sonnailles : clochettes.

70   À la fin, elle se représenta comment cette même petite
sœur deviendrait, dans le temps à venir, une femme adulte ;
et comment elle garderait, à travers toutes ses années de
maturité, le cœur simple et aimant de son enfance ; et
comment elle rassemblerait autour d'elle d'autres petits
75   enfants et ferait naître dans *leurs* yeux une lueur ardente
en leur racontant bien des histoires étranges, peut-être
même le rêve du Pays des Merveilles de jadis ; et comment
elle compatirait[1] à tous leurs simples chagrins et se réjouirait
de toutes leurs simples joies, en se souvenant de sa propre vie
80   d'enfant et des heureux jours d'été.

FIN

note

1. compatirait : éprouverait
de la pitié.

Au fil du texte

AVEZ-VOUS BIEN LU ?

1. Vrai ou faux ? Cochez la bonne réponse.

a) Le Valet de Cœur est accusé d'avoir volé
des tartes aux pommes.   V ☐ F ☐

b) Le Roi et la Reine de Trèfle siègent sur
leur trône.   V ☐ F ☐

c) C'est le Lapin Blanc qui lit l'acte
d'accusation.   V ☐ F ☐

d) Le jury est composé d'animaux d'espèces
variées.   V ☐ F ☐

e) Les tartes ont été confectionnées par
la cuisinière de la Duchesse.   V ☐ F ☐

f) Alice fait partie du jury.   V ☐ F ☐

g) C'est le Roi qui est le juge.   V ☐ F ☐

h) Alice retire son crayon à Bill le Lézard
parce qu'il grince.   V ☐ F ☐

i) Le Griffon explique à Alice ce qui se passe.   V ☐ F ☐

j) Le premier témoin appelé à la barre
est le Lièvre de Mars.   V ☐ F ☐

k) Au cours du procès, Alice devient de plus
en plus petite et finit par disparaître.   V ☐ F ☐

l) À la fin du procès, Alice s'oppose
fortement aux propos de la Reine.   V ☐ F ☐

m) Alice se réveille quand le bourreau
s'approche d'elle.   V ☐ F ☐

n) Alice est réveillée par sa sœur.   V ☐ F ☐

o) Alice est plus âgée que sa sœur.   V ☐ F ☐

ÉTUDIER UN SIMULACRE DE PROCÈS

2. Parmi les termes suivants relevés dans le texte, quels sont ceux qui appartiennent au champ lexical* de la justice ?

a) le trône – *b)* un parchemin – *c)* le procès – *d)* la salle d'audience – *e)* la collation – *f)* un tribunal – *g)* le juge – *h)* le roi – *i)* le jury – *j)* les jurés – *k)* le greffier – *l)* l'acte d'accusation – *m)* le valet – *n)* le verdict – *o)* le témoin – *p)* la reine – *q)* le jugement – *r)* les délibérations

* champ lexical : ensemble des termes se rapportant à une même notion.

3. Quel est, dans le procès, le rôle attribué aux personnages suivants ?

a) le Lapin Blanc ;

b) Bill le Lézard ;

c) le Valet de Cœur ;

d) le Roi ;

e) le Chapelier.

4. Remettez dans l'ordre les étapes selon lesquelles se déroule réellement un procès :

a) la lecture du verdict ;

b) le jugement ;

c) les délibérations du jury ;

d) la lecture de l'acte d'accusation ;

e) les dépositions des témoins ;

f) l'exécution de la décision de justice.

5. De quoi est accusé le Valet de Cœur ? Comment est-il traité ?

6. Quelles anomalies pouvez-vous relever dans le procès du Valet de Cœur ? Qu'en pensez-vous ?

7. Quels sont, selon vous, les reproches que Lewis Carroll adresse à la justice de son temps ?

ÉTUDIER LE RETOUR AU RÉEL

8. Quels sont successivement les interlocuteurs d'Alice dans les chapitres 11 et 12 ? À quels mondes appartiennent ces différents interlocuteurs ?

9. Quels événements préparent, dans le chapitre 12, le retour d'Alice au réel ?

10. Comment s'effectue la transition entre l'univers onirique* et le monde réel ?

* onirique : relatif au rêve.

* rêverie : le rêve est un phénomène inconscient, alors que la rêverie suppose que l'on reste conscient.

* complément du nom : complément généralement introduit par une préposition et qui précise un nom.

ÉTUDIER LA GRAMMAIRE (L. 58 À 80, PP. 98-99)

11. Quels sont les expressions ou les verbes qui introduisent la rêverie* ? En quoi voit-on qu'il ne s'agit pas d'un rêve comme celui que vient de faire Alice ?

12. Dans la 1re phrase de l'extrait choisi, relevez les compléments du nom* en précisant à quel nom ils se rapportent. Pourquoi sont-ils nombreux ?

13. À l'exception des noms « *pays* » et « *tasses* », reprenez les noms dont vous avez relevé les compléments dans la question 12, donnez le verbe correspondant et mettez-le à la 3e personne du singulier du présent de l'indicatif.

14. Quels verbe et locutions★ verbales équivalentes permettent d'exprimer la transformation effectuée par le rêve ? Expliquez le temps de ce verbe et de ces formes verbales ?

15. Quelle est la fonction grammaticale des groupes nominaux « *le tintement des sonnailles des moutons* » et « *la clameur confuse de la basse-cour* » ?

16. Présentez sous forme de tableau les correspondances établies entre le monde réel et le monde imaginaire.

17. Quels éléments réels restent sans équivalence dans le monde imaginaire ? Comment Lewis Carroll exprime-t-il l'infériorité du réel par rapport au rêve ?

★ *locution* : expression en plusieurs mots.

★ *proposition* : groupe de mots organisé autour d'un verbe conjugué.

ÉTUDIER LA CONCLUSION DU RÉCIT

18. Relevez dans le chapitre 12 une proposition★ dans laquelle figure un pronom désignant le lecteur. De quelles sortes de proposition et de pronom s'agit-il ?

19. En quoi l'intervention de la sœur d'Alice introduit-elle la conclusion du récit ?

20. Quelle image de l'enfance Lewis Carroll donne-t-il dans le dernier paragraphe ?

LIRE L'IMAGE

21. Comment John Tenniel, dans son illustration (p. 96), exprime-t-il le retour à la réalité ?

À VOS PLUMES !

22. Imaginez une scène quotidienne ordinaire et évoquez-la en une quinzaine de lignes. Puis réécrivez cette scène en la transposant dans un monde onirique★.

23. Le procès du Valet de Cœur est injuste et la Reine exerce une autorité abusive. Imaginez une histoire au cours de laquelle, dans un groupe d'enfants, l'un d'entre eux exerce un pouvoir sans fondement et prend une décision injuste. Vous raconterez ce qui se passe et vous exprimerez les réactions des différents personnages en montrant laquelle vous semble convenir le mieux.

★ *onirique :* relatif au rêve.

Retour sur l'œuvre

1. Reliez chaque personnage à l'accessoire qui lui appartient.

1) le Lapin Blanc	☐	☐ a)	le poivre
2) la Chenille	☐	☐ b)	les gants
3) le Lièvre de Mars	☐	☐ c)	une tasse de thé
4) la cuisinière	☐	☐ d)	une tarte
5) la Reine	☐	☐ e)	le narguilé

2. Reliez chaque personnage au(x) lieu(x) où il s'est trouvé dans le récit. Un même lieu peut être associé à plusieurs personnages.

1) le Lapin Blanc ☐   ☐ a) le jardin merveilleux

2) la Chenille ☐   ☐ b) la maison dont le toit est couvert de fourrure

3) le Lièvre de Mars ☐

4) la cuisinière ☐   ☐ c) la maison gardée par un valet

5) le Loir ☐

6) le bébé-cochon ☐   ☐ d) un champignon

7) le Chapelier ☐   ☐ e) la maison sur laquelle est posée une plaque de cuivre gravée

8) le Chat du Cheshire ☐

9) la Reine ☐

10) la Duchesse ☐

3. Qui dit quoi ? Vous pouvez attribuer plusieurs
paroles à un même personnage.
a) la sœur d'Alice – *b)* la Chenille – *c)* la Reine – *d)* Alice
– *e)* le Pigeon – *f)* le Lièvre de Mars – *g)* le Lapin Blanc
– *h)* le Chat du Cheshire – *i)* le Roi – *j)* le Chapelier

1) « *Qu'on décapite celui-ci ! Qu'on décapite
   celle-là !* »   1. ....

2) « *Réveille-toi, Alice chérie !* »   2. ....

3) « *Ma Chère ! J'aimerais que vous fassiez
   éliminer ce chat !* »   3. ....

4) « *Mais que fabriquez-vous donc ici,
   Marie-Anne ?* »   4. ....

5) « *Pourquoi un corbeau ressemble-t-il
   à un bureau ?* »   5. ....

6) « *Un côté vous fera grandir et l'autre côté
   vous fera rapetisser.* »   6. ....

7) « *Vous n'êtes qu'un paquet de cartes !* »   7. ....

8) « *[...] nous sommes tous fous par ici.
   Je suis fou. Vous êtes folle.* »   8. ....

9) « *Oh ! là ! là ! Oh ! là ! là ! Je vais être
   en retard !* »   9. ....

10) « *Ah, ma Dinah chérie, si seulement
    tu pouvais être ici avec moi !* »   10. ....

11) « *Vous êtes un serpent, pas la peine
    de le nier.* »   11. ....

12) « *Prenez donc un peu de vin [...].* »   12. ....

4. Remettez dans l'ordre chronologique
les événements suivants :

a) Alice prend le thé avec le Lièvre de Mars, le Chapelier
et le Loir.

b) Alice est témoin au procès du Valet de Cœur.

c) Alice est prisonnière de la maison du Lapin.

d) Le Chapelier s'adresse au Roi.

e) Alice entre dans le jardin merveilleux.

f) Alice fait la connaissance du Chat du Cheshire.

g) Alice se réveille.

h) Alice fait une chute vertigineuse.

i) Le Roi veut guillotiner le Chat du Cheshire.

j) Alice rencontre une chenille.

1. ...... 2. ...... 3. ...... 4. ...... 5. ...... 6. ...... 7. ......

8. ...... 9. ...... 10. ......

5. La logique au pays des fous. Dans les trois
dialogues suivants, remplacez les pointillés par
les mots ou expressions figurant dans le texte
de Lewis Carroll :

a) « – *Point du tout ! intervint le Chapelier. Vous pourriez
tout aussi bien affirmer que "Je vois ce que je mange" est la
même chose que "Je mange ce que ...." !*

*– Vous pourriez aussi bien dire, renchérit le Lièvre de Mars,
que "J'aime ce que j'obtiens" est la même chose que "J'obtiens
...." !*

*– Vous pourriez tout aussi bien dire, surenchérit le Loir, qui
semblait parler dans son sommeil que : "Je respire quand
je dors" est ....
.... ! »*

b) « – Un peu plus de thé ? proposa le Lièvre de Mars à Alice avec le plus grand sérieux.

– Je n'en ai pas encore eu, répliqua Alice sur un ton offensé, de sorte que je ne saurais en prendre plus.

– Vous voulez dire que vous ne sauriez en prendre ...., 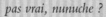 dit le Chapelier. Il est très facile de prendre plus que .... »

c) « Soucieuse de ne pas offenser le Loir une fois encore, Alice prit la parole avec grande précaution : "Mais je ne comprends pas. D'où tiraient-elles la mélasse ?

– On peut bien tirer de l'eau d'un puits d'eau, dit le Chapelier ; je pense donc qu'on peut tirer .... pas vrai, nunuche ?

– Mais elles se trouvaient .... le puits", dit Alice à l'adresse du Loir, jugeant préférable d'ignorer ce dernier qualificatif. »

Dossier
Bibliocollège

Schéma narratif

Alice, au cours de son rêve, rencontre de nombreux personnages et connaît de multiples aventures. Mais son voyage au « *Pays des Merveilles* », aussi fantaisiste soit-il, suit une progression chronologique simple.

Situation initiale
Alice est assise sur le talus à côté de sa sœur (p. 11).

Élément perturbateur
Monde réel : Alice s'endort (p. 11).
Monde merveilleux : Alice voit passer un lapin blanc (p. 11).

Péripéties...
Alice connaît différentes péripéties, chacune étant située dans un cadre particulier.
... jusqu'au jardin merveilleux
1. Alice pénètre dans le terrier du Lapin. Après une chute vertigineuse, elle entrevoit un jardin merveilleux qu'elle décide de visiter (pp. 12-20).
2. Alice manque de se noyer dans la mare formée par ses larmes (pp. 29-30).
3. Alice fait la rencontre d'une souris et d'autres animaux qui se réfugient sur le rivage (chapitre 3 non reproduit).
4. Alice est prisonnière de la maison du Lapin (pp. 33-39).
5. Alice fait la connaissance d'une chenille assise au sommet d'un champignon (pp. 47-48).
6. Alice entre dans la maison de la Duchesse et rencontre le Chat du Cheshire (pp. 53-57).

7. Dans la maison du Lièvre de Mars, Alice assiste
au thé des fous (pp. 59-69).

... dans le jardin merveilleux

8. Alice pénètre dans le jardin merveilleux
où elle participe à une étonnante partie de croquet
(pp. 75-81).

9. Alice fait la connaissance du Griffon et de
la Simili-Tortue (chapitres 9 et 10 non reproduits).

10. Alice assiste au procès du Valet de Cœur accusé
d'avoir volé les tartes de la Reine (pp. 85-93).

Élément de résolution

Monde merveilleux : Alice retrouve sa taille normale
et dit aux personnages qu'ils ne sont qu'un paquet
de cartes (p. 97).

Monde réel : Alice est réveillée par les feuilles qui
tombent sur son visage et par sa sœur (p. 97).

Situation finale

Alice se retrouve aux côtés de sa sœur (p. 97).

Il était une fois Lewis Carroll

L'ENFANCE DE CHARLES LUTWIDGE DODGSON

Date clé

1832 : Charles Lutwidge Dodgson naît dans la famille d'un pasteur.

Le 27 janvier 1832, à Daresbury, non loin de Manchester dans le Lancashire, au nord-ouest de l'Angleterre, naît Charles Lutwidge Dodgson. Il est le troisième d'une famille de onze enfants. Son père est pasteur de l'église anglicane. Le petit Charles grandit dans le presbytère de Daresbury jusqu'en 1843 puis dans celui de Croft-on-Tees (dans le Yorkshire, au nord de l'Angleterre) que la famille du pasteur occupera pendant vingt-cinq ans. Les enfants Dodgson forment une véritable tribu ; on aime à raconter qu'ils étaient tous gauchers et qu'ils bégayaient tous, mais rien ne le prouve.

À retenir

Le brillant élève imagine aussi des revues et des pièces de théâtre.

Timide et habitué à son cocon familial, Charles Dodgson s'adapte difficilement à l'école où il essuie les moqueries de ses camarades. Il fréquente d'abord la Richmond School en 1844, puis la célèbre Rugby School de janvier 1846 à décembre 1849.

Charles est un élève sérieux mais la fantaisie qui caractérisera plus tard ses œuvres littéraires se manifeste déjà durant ses années d'études. Il écrit des revues destinées aux habitants du presbytère de Croft-on-Tees : *La Revue du presbytère*, *La Comète*, *Le Bouton de rose*... En 1849, il demande à un menuisier de lui construire un théâtre de marionnettes pour lequel il écrit des pièces : *Tragédie du roi John*, *La Guida di Bragia*.

En janvier 1851, Charles entre à l'université d'Oxford. Quelques jours plus tard, sa mère meurt brusquement. Charles étudie les mathématiques au Christ Church College (qui dépend de l'université d'Oxford) et obtient brillamment son diplôme en 1854.

Un professeur de mathématiques

Attaché au projet de ses parents et peu désireux de changer ses habitudes, Charles reste au Christ Church College où il devient bibliothécaire en 1855, puis professeur de mathématiques, un professeur terne et un peu ennuyeux, peu désireux de se lier à ses collègues et à ses étudiants. C'est que Charles est resté un grand enfant que le monde des adultes continue d'inquiéter. Il publie des ouvrages ayant trait à la discipline qu'il enseigne, tels que *Le Cinquième Livre d'Euclide prouvé par l'algèbre* (1858), *Éléments de géométrie plane algébrique* (1860)... Il s'intéresse particulièrement à la logique et tentera, en 1886, de la rendre accessible à tous dans son ouvrage *Jeu de la logique*. Voici, pour exemple, un problème de logique inventé en 1894 par Charles Dodgson : « A dit que B ment ; B dit que C ment ; C dit que A et B mentent. Qui dit la vérité ? Seul C dit vrai. » En 1861, il est ordonné diacre mais il renoncera à devenir pasteur et, pour expliquer le fait qu'il ne suit pas le chemin tracé par son père, il invoquera sa timidité et son bégaiement.

Plongé dans ses nombres et sa réflexion mathématique, il se tient à l'écart de la vie universitaire mais n'hésite pas à s'en moquer. Comme il le faisait plus jeune au presbytère, il prend parti par écrit dans

Dates clés

1857 : Charles Dodgson enseigne les mathématiques à l'université d'Oxford.

1861 : Il est ordonné diacre.

les affaires qui concernent la vie locale. Ainsi, il ridiculise les projets de transformation architecturale du Christ Church College dans un pamphlet anonyme : *Le Beffroi du Christ Church* (1872). Il s'oppose aussi au projet d'accorder des diplômes universitaires à des jeunes filles. Autant dire que Charles Dodgson s'opposait à tout ce qui pouvait introduire un changement. Le temps s'était arrêté pour lui comme pour le Lièvre de Mars dans *Alice au pays des merveilles*...

Charles Dodgson n'est apprécié ni par ses étudiants, ni par ses collègues. En 1881, il cesse l'enseignement, sans pour autant quitter Oxford, et se consacre à la logique.

LA NAISSANCE DE LEWIS CARROLL EN 1856

Date clé

1856 : Charles Dodgson prend le pseudonyme de Lewis Carroll.

L'éminent mathématicien a une imagination débordante ; insomniaque, il rédige un journal intime dans lequel figurent des projets des plus variés : des jeux mathématiques, bien entendu, mais également une méthode pour se raser sans savon ou pour trouver le jour de la semaine en n'ayant que la date...

En 1856, Charles Dodgson collabore avec le magazine *The Train* auquel il adresse des nouvelles et, voulant dissocier sa vie de mathématicien de celle d'artiste, il propose au rédacteur en chef de la revue, Edmund Yates, quatre pseudonymes. C'est celui de Lewis Carroll qui sera retenu. À partir de cette date, tout se passe comme si deux êtres différents cohabitaient : Charles Dodgson, le mathématicien réservé et conservateur, et Lewis Carroll, le magicien de l'imaginaire. L'un et l'autre s'ignorent...

LEWIS CARROLL ET LA PETITE ALICE

Lewis Carroll n'a pas quitté le monde de l'enfance. Ses placards sont remplis de jouets qu'il donne à droite et à gauche. Il invente des jeux, emmène les enfants au théâtre et obtient des parents l'autorisation de les photographier.

En effet, Lewis Carroll se passionne pour la photographie et notamment pour les portraits de petites filles. En 1856, il achète son premier appareil photo et photographie pour la première fois les trois filles de la famille Liddell. Leur père est le doyen du Christ Church College. Des trois fillettes, c'est à Alice qu'il s'attache le plus. Et c'est pour elle qu'il improvise, le 4 juillet 1862, alors qu'il se trouve avec les trois fillettes sur un canot voguant sur la rivière, une fabuleuse histoire qui s'appellera dans un premier temps *Les Aventures d'Alice sous terre* et qui deviendra, après d'importants ajouts, *Alice au pays des merveilles*. Lewis Carroll est devenu écrivain.

Il demande à John Tenniel (1820-1914), un caricaturiste alors célèbre, d'illustrer le livre qui sera publié en 1865 et qui connaîtra aussitôt un grand succès. Le monde merveilleux rêvé par Alice renouvelle en profondeur le genre du conte. L'absurde et la logique s'entrecroisent. Et si les enfants sont les destinataires du livre, les adultes y trouvent aussi un grand plaisir, dès lors qu'ils acceptent de jouer avec la logique, le langage et les images déformées du monde réel. D'autres livres vont suivre. D'abord, en 1871, l'histoire d'une petite fille qui traverse un miroir : *De l'autre côté du miroir et ce qu'Alice y trouva*, récit présenté comme une suite des aventures d'Alice. En 1876, Lewis Carroll

Dates clés

1856 : Lewis Carroll se lance dans la photographie.

1862 : Il imagine une histoire pour Alice Liddell.

1865 : *Alice au pays des merveilles* est publié avec succès.

publie un long texte en vers : *La Chasse au Snark*. La légende veut qu'il ait d'abord écrit le dernier vers puis remonté progressivement vers le début du poème. On a pu voir ce poème comme une allégorie. Le Snark pourrait être la liberté ou bien le bonheur. Lewis Carroll accepte cette dernière interprétation mais rappelle surtout que c'est la fantaisie qui prime.

En 1893, il publie sa dernière œuvre : *Sylvie et Bruno*. À la différence d'*Alice au pays des merveilles*, dont l'histoire se déroule presque exclusivement dans le monde des rêves, Lewis Carroll entreprend de bâtir deux intrigues, l'une se déroulant dans un univers onirique et l'autre dans la réalité. Avec cette œuvre, il quitte le territoire de la littérature enfantine et inaugure une nouvelle voie littéraire, très originale pour son époque. Le roman ne cherche plus à donner l'illusion de la réalité et les ficelles de la création et de l'imagination sont montrées au lecteur.

Lewis Carroll sera une source d'inspiration pour de nombreux écrivains au xxe siècle, qu'ils accordent priorité aux rêves, comme les surréalistes, qu'ils jouent avec les mots ou qu'ils mettent en scène l'absurde. Malgré tout, à Oxford, on ne connaît que Charles Dodgson, le mathématicien ; la photographie (il prend plus de 3 000 clichés !) comme la littérature de jeunesse sont considérées comme des passe-temps bien futiles. À la fin de sa vie, le professeur de mathématiques renvoie même avec la mention « *Inconnu* » le courrier qui lui est adressé au nom de Lewis Carroll...

Charles Dodgson, le mathématicien, et Lewis Carroll, l'écrivain, meurent d'une pneumonie à Guildford, non loin de Londres, lieu de résidence des sœurs Dodgson, le 14 janvier 1898.

Date clé

1898 : Décès de Lewis Carroll.

Portrait de la reine Victoria (1819-1901).

Vivre au temps de la reine Victoria

Lewis Carroll est un écrivain anglais de la seconde moitié du XIXᵉ siècle. Lorsqu'il publie *Alice au pays des merveilles* en 1865, nous sommes en pleine époque victorienne. Le Royaume-Uni – et plus particulièrement l'Angleterre – se transforme profondément : la reine Victoria est à la tête d'un véritable empire et son royaume inaugure la révolution industrielle qui va changer le paysage européen. Mais cette Angleterre qui se métamorphose et devient une véritable puissance est aussi une force conservatrice et puritaine.

Lewis Carroll a vécu en marge des bouleversements de son temps comme de la rigueur morale ambiante et des tensions qu'elle générait. Il s'est échappé dans un univers imaginaire, intemporel, loin d'une réalité sans doute inquiétante.

LA MONARCHIE SOUS LA REINE VICTORIA

• Le Royaume-Uni

Le Royaume-Uni est formé de la Grande-Bretagne (Angleterre, pays de Galles et Écosse) et de l'Irlande du Nord. Cette union, très ancienne, n'est pas sans tensions ni rébellions contre la domination de l'Angleterre. C'est au XIIᵉ siècle que cette dernière a pris possession de l'Irlande de Nord et c'est en 1603, avec l'avènement du roi d'Écosse Jacques Iᵉʳ Stuart, devenu roi d'Angleterre (1603-1625), que fut scellée l'union de l'Angleterre avec l'Écosse. En 1707, l'Acte d'union unit officiellement l'Écosse à l'Angleterre et, en 1800, la Grande-Bretagne devient le Royaume-Uni de Grande-Bretagne et d'Irlande du Nord.

• Une monarchie parlementaire

Si l'histoire de France est marquée par la Révolution qui, en 1789, a mis fin à une monarchie absolue, l'Angleterre n'a connu que la « glorieuse révolution » de 1688 qui renversa pacifiquement Jacques II et provoqua l'avènement de sa fille Marie II et de son gendre Guillaume d'Orange. En 1689, le Parlement, qui avait peu de pouvoir auparavant, s'imposa : le roi désormais devait le réunir régulièrement et ne pouvait lever d'impôts sans son accord. Cette monarchie constitutionnelle fut pour les philosophes français du Siècle des lumières (XVIIIe siècle) un modèle dont ils s'inspirèrent.

• La reine Victoria

Alexandrine Victoire de Hanovre est la fille du prince Édouard d'Angleterre et de Victoria de Saxe-Cobourg-Saalfeld. Née à Londres en 1819, elle décédera en 1901. Elle fut reine du Royaume-Uni pendant plus de soixante-trois ans (de 1837 à 1901) ; elle fut également impératrice des Indes à partir de 1876. Personnage en vue, la reine Victoria sera, entre 1840 et 1882, la cible de sept tentatives d'assassinat. Son accession au trône en 1837 met fin à l'union entre la Grande-Bretagne et le Hanovre (dont la dynastie régnait sur la Grande-Bretagne depuis 1714), une femme ne pouvant régner sur ce dernier royaume. L'Angleterre se détache ainsi du continent pour mieux se tourner vers son nouvel empire et devenir une puissance coloniale.

En 1840, la reine épouse le prince Albert de Saxe-Cobourg-Gotha. Le prince Albert est connu

À retenir

Déclaration des droits de 1689 : fin de l'absolutisme en Angleterre ; naissance de la monarchie constitutionnelle et d'un régime parlementaire.

L'époque victorienne : du nom de la reine Victoria, dont le règne est le plus long de l'histoire de l'Angleterre.

comme le prince consort, bien qu'il n'obtienne officiellement ce titre qu'en 1857. Ensemble, ils auront neuf enfants, dont le futur roi Édouard VII. Le prince consort décédera en 1861. En 1917, leurs descendants adopteront le nom de Windsor, qui est celui de l'actuelle famille royale.

• Les différents gouvernements

La reine, si elle est très présente, ne joue pas un rôle décisif dans la politique menée en son nom. Le régime parlementaire fonctionne avec l'alternance au pouvoir de deux grands partis : conservateur (les *tories*) et libéral (les *whigs*). Les différents Premiers ministres, malgré leurs divergences, assurent la continuité de la politique en évitant de prendre des mesures radicales dans un sens ou dans un autre. On voit notamment alterner deux grands noms : Gladstone, le libéral, et Disraeli, le chef d'un nouveau parti conservateur aux tendances sociales affirmées. Ce dernier, qui avait les faveurs de la reine, fit notamment passer, en 1867, une réforme électorale qui permit de doubler le nombre d'électeurs.

LE ROYAUME-UNI ET LE MONDE

• La question irlandaise

Au début de son règne, la reine Victoria s'attache à l'Irlande où elle passe ses vacances. Elle est aimée des Irlandais, mais, en 1845, une maladie – le mildiou – frappe la pomme de terre et le pays connaît alors une grande famine qui fait plus de 500 000 morts et pousse 2 millions d'Irlandais vers l'Amérique. La reine et le gouvernement sont impuissants à régler cette grave crise. La haine contre l'Angleterre grandit et des mouvements terroristes indépendantistes se développent d'autant plus que la terre appartient en grande majorité à de riches propriétaires anglais. La question religieuse (les catholiques irlandais contre les anglicans) accroît les tensions.

• L'impérialisme britannique

C'est dans la seconde moitié de l'ère victorienne que s'impose la puissance impériale britannique. Grâce à ses victoires militaires et des traités de paix, le Royaume-Uni a acquis de nombreux territoires : le Canada, les Indes, l'Australie, la Nouvelle-Zélande... Et l'on dit que jamais le soleil ne se couche sur l'Empire britannique.

Les colons, qui ont importé le libéralisme britannique, exigent, les uns après les autres, leur autonomie. Le gouvernement accepte et cette souplesse des liens entre les territoires annexés et la métropole permet d'éviter les tensions et de créer une véritable communauté politique qui donnera naissance, en 1931, au Commonwealth.

En 1875, la Grande-Bretagne achète les actions détenues par le khédive (le pacha d'Égypte) dans la compagnie qui gère le canal de Suez et met ainsi la main sur ce passage maritime essentiel qui permet aux navires de passer d'Europe en Orient sans contourner l'Afrique ; elle s'impose de ce fait en Égypte et, dans les dernières années du siècle, elle se taille une part importante lors du partage de l'Afrique entre les colonisateurs européens.

À retenir

L'Irlande : est un pays ravagé par une grande famine en 1845 et un exode forcé, qui aggravent les tensions avec l'Angleterre.

L'Empire britannique : voit son apogée lors du règne de la reine Victoria.

L'ANGLETERRE VICTORIENNE

• La révolution industrielle

Des découvertes comme la machine à vapeur (James Watt la rend opérationnelle au XVIIIe siècle), une disponibilité des capitaux et un esprit d'initiative font de l'Angleterre le premier pays européen à entrer dans la révolution industrielle. Le textile et la métallurgie se développent prodigieusement ; on construit des routes et des canaux ; les populations rurales sont attirées par la ville et ses faubourgs industriels. Le paysage change, la société aussi.

• Les tensions sociales

De 1838 à 1848, le chartisme, mouvement politique ouvrier dénonçant le système électoral mis en place en 1832 *(Reform Act)* au détriment des classes populaires, mobilise des millions de personnes en faveur du suffrage universel, ce qui aboutira aux réformes électorales de 1867 et 1884. Durant cette période, l'écart entre les fortunes liées à l'essor industriel et la misère des ouvriers s'agrandit et les tensions sociales sont très vives : des grèves sont déclarées, notamment chez les dockers et les employés du gaz. Pour garantir le fonctionnement de leurs usines, les industriels sont donc contraints d'accepter des avancées dans le domaine social : le syndicalisme se développe, avec notamment, dans les années 1860, la fondation de la *Trades Union Congress*, organisation regroupant les syndicats britanniques. Apparaissent également des comités de lutte en faveur des femmes, les suffragettes (mouvement né en 1865), qui réclament le droit de vote, le droit de posséder une propriété à leur nom et le droit à l'éducation.

• Une Angleterre rigide

Certains scandales, y compris dans l'entourage de
la reine Victoria, défraient la chronique et viennent
souligner la rigidité des mœurs de l'ère victorienne.
Une morale étroite gouverne les comportements
et l'austérité est de rigueur.

• Le grand siècle du roman

Comme en France à la même époque, le roman
connaît un essor prodigieux au Royaume-Uni. Les
lecteurs découvrent ainsi, entre autres, les œuvres des
sœurs Brontë : Charlotte (1816-1855), Emily (1818-1848)
et Anne (1820-1849). Emily publie en 1847 son unique
roman *Les Hauts de Hurlevent*, qui est considéré comme
un grand classique de la littérature anglaise, tandis que
sa sœur Charlotte fait paraître au même moment
le non moins célèbre roman *Jane Eyre*. Les écrivains
britanniques de cette époque cherchent à représenter
la réalité en pleine transformation ou à exprimer
les aspirations à un idéal que la société victorienne
ne propose pas. Mentionnons ainsi, parmi d'autres
grands romanciers, le nom de Charles Dickens
(1812-1870) qui sut dénoncer avec force, humour
et émotion la misère et l'exploitation des plus faibles,
notamment celle des enfants dans *Oliver Twist* (1838)
ou *David Copperfield* (1849).
Au milieu de ces écrivains aux prises avec le réel et
la société de leur temps, Lewis Carroll a choisi, lui,
la fuite dans le « *Pays des Merveilles* »...

À retenir

Le roman en Grande-Bretagne : connaît au XIXe siècle la même apogée qu'en France ; de grands écrivains, comme Dickens, y dépeignent les transformations de la société et leurs conséquences.

Un récit merveilleux

Alice au pays des merveilles est un grand classique de la littérature occidentale et nous le connaissons tous d'une manière ou d'une autre. Pourtant, nous sommes bien embarrassés lorsqu'il s'agit de lui attribuer l'étiquette d'un genre. Il est plus simple de s'interroger sur les œuvres d'Homère, de Molière ou de La Fontaine. À quel genre appartient l'*Odyssée* ? À l'épopée, bien entendu. *Le Malade imaginaire* ? C'est une comédie ! Et « Le Corbeau et le Renard » ? Une fable. Quant à *Alice au pays des merveilles*...

Un roman ?

À retenir

Le roman : œuvre de fiction, plus longue que la nouvelle, qui cherche à donner l'illusion du réel.

On peut tout d'abord se demander si l'œuvre de Lewis Carroll ne serait pas un roman. En effet, l'auteur nous raconte une histoire longue où il met en scène des personnages auxquels il arrive des aventures. Tout cela pourrait nous faire pencher du côté du roman. Cependant, on ne peut parler d'« intrigue ». Alice forme, certes, le projet d'entrer dans le jardin merveilleux qu'elle a aperçu et cette idée oriente ses choix, mais l'on voit bien que cette préoccupation est secondaire et que la petite fille se promène plutôt au gré des événements et de ses envies du moment. Par exemple, lorsqu'elle décide d'entrer dans la maison du Lièvre de Mars et de s'installer à la table où les trois amis prennent le thé, elle semble avoir oublié sa quête du jardin merveilleux.

Le lien entre les épisodes n'est pas toujours évident, même si l'on retrouve les personnages d'un chapitre à l'autre, comme Bill le lézard qui est blessé par Alice lorsque celle-ci est prisonnière de la maison du Lapin et qui devient juré au procès du Valet de Cœur dans le dernier chapitre. De plus, les personnages se multiplient et n'ont pas de vrais liens entre eux ; leur identité est même parfois mal définie : Alice, par exemple, change d'aspect et ne sait pas toujours qui elle est.

Le temps n'est pas non plus une ligne conductrice fiable (le thé des fous, par exemple) et la part de l'imaginaire domine. Or, si le roman est une œuvre de fiction, son auteur cherche malgré tout à donner l'illusion du réel, ce qui n'est pas le cas dans *Alice au pays des merveilles*. Il est donc difficile de parler de « roman » pour le récit de Lewis Carroll...

UN RÉCIT MERVEILLEUX

On dit qu'un récit est merveilleux quand il s'y produit des événements qui ne pourraient pas avoir lieu dans le réel, des événements surnaturels qui, à la différence du genre fantastique où l'intrusion du surnaturel dérange et inquiète, sont assumés comme tels et ne surprennent donc pas les personnages. Ainsi voit-on, dans des contes comme *Cendrillon* ou *La Belle au bois dormant* de Charles Perrault, apparaître des fées sans que les personnages s'en étonnent. Et le lecteur lui-même accepte de jouer le jeu, alors que dans un récit fantastique il hésite toujours entre une explication rationnelle et une explication surnaturelle des événements qu'il vient de lire.

De la même manière, Alice ne s'étonne pas de ce qu'elle voit au « *Pays des Merveilles* ». Lorsqu'elle tombe dans le terrier du Lapin, elle ne doute pas qu'il soit possible de tomber dans un trou si profond

> **À retenir**
> **Le merveilleux :** à la différence du fantastique, le merveilleux présente des événements surnaturels qui ne surprennent pas les personnages, eux-mêmes surnaturels parfois.

et ne se demande pas comment elle va remonter
à la surface, ni si elle va survivre.
Le récit de Lewis Carroll est donc bien un récit
merveilleux.

Un conte ?

Étant donné qu'un conte est un récit merveilleux,
peut-on en déduire que nous avons affaire ici
à un conte ?
Rien n'est moins sûr. D'abord, parce que l'œuvre
de Lewis Carroll est longue, alors que le conte est
traditionnellement un récit court. Ensuite, parce que
le conte est centré sur une intrigue unique à laquelle
le dénouement apporte une solution. Cendrillon, par
exemple, est maltraitée par ses sœurs et le lecteur
se demande si elle pourra être heureuse un jour
et si cette injustice sera réparée ; le mariage de
l'héroïne avec le prince résout le problème.
Rien de tel dans *Alice au pays des merveilles*. Les
personnages sont très nombreux mais aucun d'eux
n'est une figure traditionnelle du conte, comme les
fées ou les sorcières. Alice, si l'on excepte la recherche
du jardin merveilleux, n'a pas de projet particulier.
Et le récit ne s'arrête pas parce que le problème est
résolu, mais simplement parce que Alice s'est réveillée.
De plus, un conte est un récit à visée didactique et
l'on ne voit pas bien quelle leçon on pourrait tirer
d'*Alice au pays des merveilles*.

À retenir
Le conte :
récit court souvent
merveilleux, dont
l'histoire ne peut
être ni datée
ni située
géographiquement
avec précision,
visant à la fois
à distraire
et instruire
le lecteur.

LE RÉCIT D'UN RÊVE

La dimension onirique du récit est fortement annoncée
dès le début de l'œuvre. En effet, on devine qu'Alice
s'endort au début du premier chapitre (*« une
somnolence hébétée »*) et il est clairement dit qu'elle
se réveille dans le dernier chapitre (*« Réveille-toi, Alice
chérie ! Quel long somme tu as fait ! »*, dit sa sœur).
Le mot *« rêve »* apparaît plusieurs fois dans les toutes
dernières pages, afin de nous assurer que les
personnages que nous avons rencontrés en compagnie
d'Alice n'ont aucune réalité.

Pourtant, les premières lignes du récit ne sont pas
aussi explicites et un doute plane. On ne sait pas
si Alice est déjà endormie lorsque le Lapin Blanc
apparaît, se met à parler et consulte sa montre.
Pourquoi ? Sans doute Lewis Carroll cherche-t-il, pour
susciter l'intérêt de son lecteur, à entretenir un doute,
de sorte que nous puissions par la suite nous imaginer
que les scènes auxquelles nous venons d'assister ont
réellement eu lieu. De plus, les événements sont vus
du seul point de vue d'Alice, laquelle ne s'est pas
rendu compte qu'elle a basculé dans l'univers des
songes !

La multitude des personnages et l'enchaînement
invraisemblable des événements nous font également
penser au cheminement décousu d'un rêve.

La dernière page du récit présente même une
interprétation qui affirme le caractère onirique du récit.
En nous disant que le bruit des tasses à thé dans
la maison du Lièvre de Mars n'est que le tintement des
clochettes que l'on met au cou des moutons, Lewis
Carroll gomme ce à quoi nous avons cru. Les moutons

existent bel et bien, mais pas le thé chez le Lièvre de Mars... Comme Alice, nous nous réveillons et nous découvrons que le merveilleux a disparu. Il ne s'agissait que d'un rêve. Mais tout ne s'est pas évanoui...

LA QUESTION DU DESTINATAIRE

À retenir

Les destinataires : avec *Alice*, Lewis Carroll restitue l'imaginaire des enfants tout en présentant aux lecteurs adultes le miroir de leurs propres défauts.

Non, tout ne s'est pas évanoui au réveil d'Alice. La petite fille fait à sa sœur le récit de son rêve et la transporte à son tour dans le monde du Lapin Blanc, du Lièvre de Mars, de la Dame de Cœur... Alice, partie prendre son thé, a retrouvé la taille normale d'une petite fille et, dans son sillage, il flotte comme un parfum d'enfance...

Mais à qui Lewis Carroll s'adresse-t-il : aux enfants ? aux adultes ?

Lewis Carroll, tout au long de ces aventures au « *Pays des Merveilles* », adopte le point de vue d'Alice. Il nous montre jusqu'à la naïveté de la fillette fière de ses connaissances pourtant bien fragiles. Et, à la fin du récit, il est question du « *cœur simple et aimant de* [l']*enfance* ». Ainsi, avec *Alice au pays des merveilles*, Lewis Carroll s'adresse aux enfants mais, plus encore, il est entré dans leur univers et il partage leur imaginaire...

Le dernier mot est cependant donné à la sœur d'Alice qui, beaucoup plus âgée qu'elle, sait qu'il lui suffit de rouvrir les yeux « *pour que tout retourne à la morne réalité* ». Peut-être Lewis Carroll nous dit-il ici que ce récit destiné aux enfants de l'âge d'Alice s'adresse aussi aux adultes, qui pourront y découvrir une image critique d'eux-mêmes, de leur autorité abusive, de leurs simulacres de procès et de leurs habitudes sclérosantes (le thé qui se répète indéfiniment) ?

LE RÊVE D'UN LOGICIEN

Cette rêverie est enfin celle, amusée, d'un mathématicien qui applique aux situations les plus absurdes la logique abstraite des nombres. Or, dans le monde merveilleux des rêves, dans les situations les plus invraisemblables, le raisonnement logique a toujours cours car il est universellement vrai. Lewis Carroll joue également avec la logique des mots et bien souvent l'histoire se construit sur un jeu autour des expressions toutes faites du langage. Ainsi, l'épisode du thé des fous s'élabore-t-il à partir des expressions anglaises *être fou comme un chapelier* et *être fou comme un lièvre de mars*... Dans *Alice*, Lewis Carroll donne aux mots un poids qu'ils n'ont pas ordinairement, ce qui lui permet d'échafauder, en marge du réel, un univers imaginaire où, contre toute attente, fantaisie et logique se rejoignent.

À retenir

Le genre d'*Alice* : récit merveilleux, qui n'est ni un roman ni un conte ; sorte de rêve éveillé où se combinent la fantaisie et la logique (des nombres, des mots, du raisonnement).

Groupement de textes :
Voyages au pays de la fantaisie

Si, en 1865, l'on accepta le récit que fit paraître Lewis Carroll, alors même que sa fantaisie contrastait fortement avec la rigidité de la société victorienne et le conservatisme de son auteur, c'est sans doute parce qu'on destina ce récit aux enfants. Les adultes – et les collègues de Charles Dodgson ne s'en privèrent pas – pouvaient donc poser sur *Alice au pays des merveilles* un regard condescendant...

Pourtant, de nombreux auteurs avant lui avaient déjà mis leur art au service non d'une évocation de la réalité, mais de la peinture d'un monde imaginaire. Le pays des merveilles, terre de liberté absolue, a attiré les écrivains capables de se libérer de toute entrave, condition sans laquelle la fantaisie ne peut exister. Ainsi, écrivant à contre-courant d'une civilisation occidentale qui, de la Renaissance à la Première Guerre mondiale, a privilégié le vrai ou, faute de mieux, le vraisemblable, ces écrivains, de Rabelais à Jarry en passant par Lewis Carroll, ont affirmé le pouvoir créateur et libérateur de l'écriture.

Or, la fantaisie, c'est justement l'imaginaire libéré : les personnages et les situations les plus invraisemblables sont acceptés et l'irréel n'étonne personne. Il est logique, dans ces conditions, que les enfants s'y sentent chez eux. Mais, si les récits des frères Grimm et de Lewis Carroll s'adressent plus particulièrement aux enfants, on ne saurait cantonner la fantaisie dans le domaine de la littérature de jeunesse qui, de toute façon, n'existe vraiment à part entière qu'à partir de la fin du XVIIIe siècle.

Certes, en s'écartant du réel, voire en détournant les valeurs
de son temps, l'écrivain entraîne son lecteur – adulte
ou enfant – dans un tourbillon de péripéties plus réjouissantes
les unes que les autres, mais il lui tend également un miroir
où se dessine une société qui lui est familière.

FRANÇOIS RABELAIS, GARGANTUA

Le mouvement humaniste de la Renaissance se caractérise par
une confiance en l'homme qui est vécue comme une libération.
Moine érudit à une époque tournée vers la connaissance des
Anciens (Grecs et Latins), médecin, François Rabelais (1494-1553)
affirme sa confiance en imaginant des histoires dont les héros
sont des géants raisonnables et bons vivants. Dans *Gargantua*,
où se lisent les valeurs humanistes, la fantaisie règne « *pour
ce que rire est le propre de l'homme* ».

Notre histoire veut que nous racontions ce qui arriva à six pèlerins
qui venaient de Saint-Sébastien près de Nantes. Pour se reposer,
cette nuit-là, ils s'étaient cachés au jardin, de peur des ennemis,
sur les fanes[1] de pois, entre les choux et les laitues. Gargantua, qui
se sentit un peu d'appétit, demanda si l'on pourrait trouver des
laitues pour faire une salade. Apprenant qu'il y en avait, et qu'elles
étaient parmi les plus belles et les plus grandes du pays, car elles
étaient grandes comme des pruniers ou des noyers, il voulut y aller
lui-même et emporta dans sa main ce que bon lui sembla.
Il emporta en même temps les six pèlerins, et ceux-ci avaient
si grand-peur qu'ils n'osaient ni parler ni tousser.
Tandis qu'il commençait à les laver à la fontaine, les pèlerins
se disaient l'un à l'autre à voix basse : « Que faut-il faire ? Nous
nous noyons ici, au milieu de ces laitues. Parlerons-nous ? Oui,
mais si nous parlons, il va nous tuer comme espions. » Pendant

note

1. fanes : feuilles.

qu'ils délibéraient ainsi, Gargantua les mit avec ses laitues dans un des plats de la maison, grand comme la tonne de Cîteaux[1], et commença à les manger avec huile, vinaigre et sel pour se rafraîchir avant de souper. Il avait déjà avalé cinq pèlerins. Le sixième restait dans le plat, caché sous une laitue, et seul son bourdon[2] dépassait.

En le voyant, Grandgousier dit à Gargantua :

« Je crois que c'est là une corne de limaçon. Ne le mangez pas.

– Pourquoi ? dit Gargantua. Ils sont bons tout ce mois-ci. »

Et, tirant sur le bourdon, il souleva en même temps le pèlerin et le mangea bel et bien. Puis il but une horrible rasade de vin pineau et ils attendirent que l'on apprêtât[3] le souper.

Les pèlerins ainsi dévorés s'écartèrent du mieux qu'ils purent des meules de ses dents et pensaient qu'on les avait mis dans quelque basse-fosse de prison. Et quand Gargantua but la grande rasade, ils crurent se noyer dans sa bouche : le torrent de vin faillit les emporter jusqu'au gouffre de son estomac. Toutefois, en sautant avec leurs bourdons, comme font les pèlerins de Saint-Michel, ils s'enfuirent le long des dents. Mais, par malheur, l'un d'eux, tâtant le terrain avec son bourdon pour savoir s'ils étaient en sécurité, frappa rudement au creux d'une dent gâtée et heurta le nerf de la mâchoire, ce qui causa une très vive douleur à Gargantua : il commença à crier, enragé par la souffrance qu'il endurait. Alors pour se soulager de ce mal il fit apporter son cure-dent et, sortant du côté du noyer grollier[4], il vous dénicha messieurs les pèlerins. Il en attrapait un par les jambes, l'autre par les épaules, un autre par la besace[5], un autre par la bourse[6], un autre par l'écharpe[7]. Quant au pauvre bougre qui l'avait frappé avec son bourdon, il l'accrocha par la braguette. Toutefois, ce fut une grande chance pour celui-ci, car il lui perça un abcès ulcéreux[8] qui le martyrisait depuis qu'ils avaient dépassé Ancenis.

notes

1. *tonne de Cîteaux :* grande cuve de l'abbaye de Cîteaux.
2. *bourdon :* bâton que tient le pèlerin.
3. *apprêtât :* préparât (imparfait du subjonctif).
4. *noyer grollier :* noyer dont les noix sont particulièrement dures.
5. *besace :* gros sac.
6. *bourse :* partie génitale masculine.
7. *écharpe :* petite sacoche.
8. *abcès ulcéreux :* gros abcès qui ne guérissait pas.

C'est ainsi que les pèlerins dénichés[1] s'enfuirent à travers les vignes à toutes jambes et que la douleur s'apaisa.

François Rabelais, *Gargantua*, extrait du chapitre 38, texte modernisé (coll. « Bibliolycée », Hachette Livre, 2002), 1534.

CHARLES PERRAULT, CONTES DE MA MÈRE L'OYE

Partisan des Modernes, Charles Perrault défend l'idée que la littérature peut puiser son inspiration dans d'autres sources que les textes de l'Antiquité. En rédigeant ses *Contes de ma mère l'Oye*, il donne forme à des récits oraux appartenant à la tradition populaire.
Dans « Le Maître chat ou le Chat botté », le fils d'un meunier hérite d'un chat qui, pour éviter d'être mangé, promet à son maître de le rendre riche. Il fait croire au roi que le jeune homme est le marquis de Carabas et il s'empare, pour lui, du domaine d'un ogre.

Le maître chat arriva enfin dans un beau château dont le maître était un ogre, le plus riche qu'on ait jamais vu, car toutes les terres par où le roi avait passé étaient de la dépendance de ce château. Le chat, qui eut soin de s'informer qui était cet ogre et ce qu'il savait faire, demanda à lui parler, disant qu'il n'avait pas voulu passer si près de son château, sans avoir l'honneur de lui faire la révérence.

L'ogre le reçut aussi civilement[2] que le peut un ogre et le fit reposer.

« On m'a assuré, dit le chat, que vous aviez le don de vous changer en toute sorte d'animaux, que vous pouviez, par exemple, vous transformer en lion, en éléphant ?

notes
1. *dénichés :* découverts.
2. *civilement :* poliment.

– Cela est vrai, répondit l'ogre brusquement, et pour vous le montrer, vous m'allez voir[1] devenir lion. »

Le chat fut si effrayé de voir un lion devant lui, qu'il gagna aussitôt les gouttières, non sans peine et sans péril, à cause de ses bottes qui ne valaient rien pour marcher sur les tuiles.

Quelque temps après, le chat, ayant vu que l'ogre avait quitté sa première forme, descendit et avoua qu'il avait eu bien peur.

« On m'a assuré encore, dit le chat, mais je ne saurais le croire, que vous aviez aussi le pouvoir de prendre la forme des plus petits animaux : par exemple, de vous changer en un rat, en une souris ; je vous avoue que je tiens cela tout à fait impossible.

– Impossible ? reprit l'ogre, vous allez voir », et en même temps il se changea en une souris, qui se mit à courir sur le plancher.

Le chat ne l'eut pas plus tôt aperçue qu'il se jeta dessus et la mangea.

Cependant le roi, qui vit en passant le beau château de l'ogre, voulut entrer dedans. Le chat, qui entendit le bruit du carrosse qui passait sur le pont-levis, courut au-devant et dit au roi :

« Votre Majesté soit la bienvenue dans ce château de monsieur le marquis de Carabas.

– Comment, monsieur le marquis, s'écria le roi, ce château est encore à vous ! Il ne se peut rien de plus beau que cette cour et que tous ces bâtiments qui l'environnent ; voyons les dedans, s'il vous plaît. »

Le marquis donna la main à la jeune princesse, et, suivant le roi qui montait le premier, ils entrèrent dans une grande salle où ils trouvèrent une magnifique collation[2] que l'ogre avait fait préparer pour ses amis qui le devaient venir voir ce même jour-là, mais qui n'avaient pas osé entrer sachant que le roi y était.

Le roi, charmé des bonnes qualités de monsieur le marquis de Carabas, de même que sa fille qui en était folle, et voyant les grands biens qu'il possédait, lui dit, après avoir bu cinq ou six coupes :

notes

1. ***vous m'allez voir :*** vous allez me voir.   2. ***collation :*** repas.

« Il ne tiendra qu'à vous, monsieur le marquis, que vous ne soyez mon gendre. »

Le marquis, faisant de grandes révérences, accepta l'honneur que lui faisait le roi ; et dès le même jour épousa la princesse.

Le Chat devint grand seigneur et ne courut plus après les souris que pour se divertir.

Charles Perrault, extrait de « Le Maître chat ou le Chat botté »,
Contes de ma mère l'Oye, 1697.

VOLTAIRE, CANDIDE

Candide est un conte philosophique destiné à critiquer les institutions et certaines positions philosophiques du XVIIIe siècle. Le personnage principal, Candide, est un jeune homme qui, après avoir découvert toutes les atrocités du monde, pénètre miraculeusement dans l'Eldorado, un pays merveilleux situé en Amérique du Sud.

Vingt belles filles de la garde reçurent Candide et Cacambo à la descente du carrosse, les conduisirent aux bains, les vêtirent de robes d'un tissu de duvet de colibri[1] ; après quoi les grands officiers et les grandes officières de la couronne les menèrent à l'appartement de Sa Majesté au milieu de deux files, chacune de mille musiciens, selon l'usage ordinaire. Quand ils approchèrent de la salle du trône, Cacambo demanda à un grand officier comment il fallait s'y prendre pour saluer Sa Majesté : si on se jetait à genoux ou ventre à terre ; si on mettait les mains sur la tête ou sur le derrière ; si on léchait la poussière de la salle ; en un mot, quelle était la cérémonie. « L'usage, dit le grand officier, est d'embrasser[2] le roi et de le baiser[3] des deux côtés. »

notes

1. *colibri :* oiseau tropical.
2. *embrasser :* prendre dans ses bras.
3. *le baiser :* l'embrasser.

Candide et Cacambo sautèrent au cou de Sa Majesté, qui les reçut avec toute la grâce imaginable, et qui les pria poliment à souper. En attendant, on leur fit voir la ville, les édifices publics élevés jusqu'aux nues[1], les marchés ornés de mille colonnes, les fontaines d'eau pure, les fontaines d'eau rose[2], celles de liqueurs de canne de sucre qui coulaient continuellement dans de grandes places pavées d'une espèce de pierreries qui répandaient une odeur semblable à celle du gérofle[3] et de la cannelle. Candide demande à voir la cour de justice, le parlement ; on lui dit qu'il n'y en avait point, et qu'on ne plaidait[4] jamais. Il s'informa s'il y avait des prisons, et on lui dit que non. Ce qui le surprit davantage, et qui lui fit le plus de plaisir, ce fut le palais des sciences, dans lequel il vit une galerie de deux mille pas, toute pleine d'instruments de mathématique et de physique.

Voltaire, *Candide,* extrait du chapitre dix-huitième, 1759.

Jacob et Wilhelm Grimm, Contes

Les frères Jacob et Wilhelm Grimm, au XIXe siècle, ont écrit et réuni de nombreux contes populaires allemands. Dans « Hänsel et Gretel », un pauvre bûcheron s'est remarié avec une méchante femme qui lui demande d'abandonner dans la forêt son fils Hänsel et sa fille Gretel.

Ils[5] en étaient déjà à la troisième matinée, depuis qu'ils avaient quitté la maison de leur père. Ils se remirent en route, mais en s'enfonçant toujours davantage dans la forêt, et ils étaient sur le point de défaillir[6]. Vers midi, ils virent un bel oiseau blanc comme neige, perché sur une branche, et qui chantait si bien qu'ils s'arrêtèrent pour l'écouter. Bientôt il déploya ses ailes et s'envola. Ils le suivirent jusqu'à une petite maison sur le toit

notes

1. *aux nues :* au ciel.
2. *eau rose :* eau parfumée à la rose.
3. *gérofle :* clou de girofle.
4. *plaidait :* défendait une cause devant un tribunal.
5. *Ils :* Hänsel et Gretel.
6. *défaillir :* s'évanouir.

de laquelle il se posa et, en approchant, ils remarquèrent que cette maisonnette était bâtie en pain et couverte de gâteaux, tandis que les fenêtres étaient de sucre transparent.

– Voici ce qu'il nous faut, dit Hänsel, et nous allons faire un bon repas. Je vais manger un morceau du toit, Gretel ; toi, mange à la fenêtre : c'est doux.

Hänsel grimpa en haut et se cassa un morceau du toit, pour essayer quel goût cela avait, pendant que Gretel se mit à lécher les carreaux. Tout à coup une voix douce cria de l'intérieur :

« *Liche, lache, lèchette !*
Qui lèche ma maisonnette ? »

Et les enfants répondirent :
« *C'est le vent qui lèche ainsi ;*
C'est l'enfant du paradis. »

Et ils continuèrent à manger sans se troubler. Hänsel, qui prenait goût à la toiture, en descendit un grand morceau, et Gretel arracha de la fenêtre une grande vitre ronde, s'assit et s'en régala. Tout à coup la porte s'ouvrit et une femme, vieille comme les pierres, qui s'appuyait sur une béquille, se traîna dehors. Hänsel et Gretel eurent si peur qu'ils laissèrent tomber ce qu'ils tenaient. Mais la vieille brandilla la tête[1] en leur disant :

– Eh ! mes chers enfants, qui vous a amenés ici ? Entrez chez moi et restez avec moi ; vous vous en trouverez bien.

Elle les prit tous deux par la main et les conduisit dans la maisonnette. Là, on leur servit de la bonne nourriture, du lait et des omelettes sucrées, des pommes et des noix. Ensuite on leur apprêta[2] deux beaux petits lits, dans lesquels Hänsel et Gretel se couchèrent, en se croyant au ciel[3].

Si amicale que se montra la vieille, elle était cependant une méchante sorcière qui épiait[4] les enfants et qui n'avait bâti de pain

notes

1. brandilla la tête : agita la tête.
2. apprêta : prépara.
3. Ciel : paradis.
4. épiait : guettait.

sa maisonnette que pour les attirer. Quand il en tombait un en sa puissance, elle le tuait, le cuisait et le mangeait, et c'était pour elle un jour de fête. En voyant Hänsel et Gretel s'approcher de sa maison, elle avait ri méchamment en s'écriant ironiquement[1] :

– Ceux-ci ne m'échapperont pas !

Jacob et Wilhelm Grimm, extrait de « Hänsel et Gretel », *Contes*, traduction de Max Buchon (1859) adaptée par Mme Robinot-Bichet, coll. « Bibliocollège », Hachette Livre, 2003.

ALFRED JARRY, UBU ROI

Conçue au départ comme une plaisanterie d'étudiant, la pièce de théâtre d'Alfred Jarry (1873-1907), *Ubu Roi*, parodie de *Macbeth* de William Shakespeare, révolutionne le théâtre français en introduisant l'absurde.
En Pologne, le Père Ubu a pris le pouvoir et exerce une autorité tyrannique qui n'est pas sans nous rappeler celle de la Reine de Cœur dans *Alice au pays des merveilles*...

La grande salle du palais.

PÈRE UBU. Apportez la caisse à Nobles et le crochet à Nobles et le couteau à Nobles et le bouquin à Nobles ! Ensuite, faites avancer les Nobles.

On pousse brutalement les Nobles.

MÈRE UBU. De grâce, modère-toi, Père Ubu.

PÈRE UBU. J'ai l'honneur de vous annoncer que pour enrichir le royaume je vais faire périr tous les Nobles et prendre leurs biens.

note

1. *ironiquement :* en plaisantant de façon méchante.

NOBLES. Horreur ! à nous, peuple et soldats !

PÈRE UBU. Amenez le premier Noble et passez-moi le crochet à Nobles. Ceux qui seront condamnés à mort, je les passerai dans la trappe, ils tomberont dans les sous-sols du Pince-Porc et de la Chambre-à-Sous, où on les décervèlera[1]. *(Au Noble.)* Qui es-tu, bouffre[2] ?

LE NOBLE. Comte de Vitepsk[3].

PÈRE UBU. De combien sont tes revenus ?

LE NOBLE. Trois millions de rixdales[4].

PÈRE UBU. Condamné ! *(Il le prend avec le crochet et le passe dans le trou.)*

MÈRE UBU. Quelle basse férocité !

PÈRE UBU. Second Noble, qui es-tu ? *(Le Noble ne répond rien.)* Répondras-tu, bouffre ?

LE NOBLE. Grand-duc de Posen.

PÈRE UBU. Excellent ! excellent ! Je n'en demande pas plus long. Dans la trappe. Troisième Noble, qui es-tu ? tu as une sale tête.

LE NOBLE. Duc de Courlande, des villes de Riga, de Revel et de Mitau.

PÈRE UBU. Très bien ! très bien ! Tu n'as rien autre chose ?

LE NOBLE. Rien.

PÈRE UBU. Dans la trappe, alors. Quatrième Noble, qui es-tu ?

LE NOBLE. Prince de Podolie.

PÈRE UBU. Quels sont tes revenus ?

LE NOBLE. Je suis ruiné.

notes

1. *décervèlera* : enlèvera la cervelle.
2. *bouffre* : insulte inventée par Jarry.

3. D'une manière générale, Jarry cite des noms le plus souvent allemands de villes et de régions d'Europe centrale et de l'Est (Pologne, Lettonie, Estonie, Ukraine, Biélorussie).

4. *rixdales* : ancienne monnaie utilisée dans les pays nordiques et d'Europe centrale.

PÈRE UBU. Pour cette mauvaise parole, passe dans la trappe. Cinquième Noble, qui es-tu ?

LE NOBLE. Margrave de Thorn, palatin[1] de Polock.

PÈRE UBU. Ça n'est pas lourd. Tu n'as rien autre chose ?

LE NOBLE. Cela me suffisait.

PÈRE UBU. Eh bien ! mieux vaut peu que rien. Dans la trappe. Qu'as-tu à pigner[2], Mère Ubu ?

MÈRE UBU. Tu es trop féroce, Père Ubu.

PÈRE UBU. Eh ! je m'enrichis. Je vais faire lire MA liste de MES biens. Greffier, lisez MA liste de MES biens.

LE GREFFIER. Comté de Sandomir.

PÈRE UBU. Commence par les principautés[3], stupide bougre !

LE GREFFIER. Principauté de Podolie, grand-duché de Posen, duché de Courlande, comté de Sandomir, comté de Vitepsk, palatinat de Polock, margraviat de Thorn.

PÈRE UBU. Et puis après ?

LE GREFFIER. C'est tout.

PÈRE UBU. Comment, c'est tout ! Oh bien alors, en avant les Nobles, et comme je ne finirai pas de m'enrichir, je vais faire exécuter tous les Nobles, et ainsi j'aurai tous les biens vacants. Allez, passez les Nobles dans la trappe. [...]

Alfred Jarry, *Ubu Roi*, extrait de la scène 2 de l'acte III, 1896.

JULES SUPERVIELLE, GRAVITATIONS

Au même titre que la logique avec laquelle joue Lewis Carroll, les mathématiques constituent pour le poète français Jules Supervielle (1884-1960) une source d'inspiration prodigieuse.

notes

1. palatin : gouverneur.
2. pigner : pleurnicher.

3. principautés : territoires gouvernés par des princes.

Mathématiques

À Maria Blanchard.

Quarante enfants dans une salle,
Un tableau noir et son triangle,
Un grand cercle hésitant et sourd
Son centre bat comme un tambour.

Des lettres sans mots ni patrie
Dans une attente endolorie.

Le parapet dur d'un trapèze,
Une voix s'élève et s'apaise,
Et le problème furieux
Se tortille et se mord la queue.

La mâchoire d'un angle s'ouvre.
Est-ce une chienne ? Est-ce une louve ?

Et tous les chiffres de la terre,
Tous ces insectes qui défont
Et qui refont leur fourmilière
Sous les yeux fixes des garçons.

Jules Supervielle, « Mathématiques », *Gravitations*, Gallimard, 1925.

JACQUES PRÉVERT, PAROLES

Après la Première Guerre mondiale, les poètes rejettent toutes les contraintes de la raison et de la tradition littéraire ou artistique. Les surréalistes, dont le chef de file est André Breton, privilégient les associations surprenantes. En jouant avec les mots, Jacques Prévert (1900-1977), qui a côtoyé les surréalistes, effectue des rapprochements qui nous étonnent autant que les créatures du pays des merveilles.

Inventaire

Une pierre
deux maisons

trois ruines
quatre fossoyeurs[1]
un jardin
des fleurs

un raton laveur[2]

une douzaine d'huîtres un citron un pain
un rayon de soleil
une lame de fond
six musiciens
une porte avec son paillasson
un monsieur décoré de la Légion d'honneur

un autre raton laveur

un sculpteur qui sculpte des Napoléon
la fleur qu'on appelle souci
deux amoureux sur un grand lit
un receveur des contributions[3] une chaise trois dindons
un ecclésiastique[4] un furoncle[5]
une guêpe
un rein flottant
une écurie de courses
[...]

un petit garçon qui entre à l'école en pleurant
un petit garçon qui sort de l'école en riant
une fourmi
deux pierres à briquet[6]
dix-sept éléphants un juge d'instruction en vacances assis sur
[un pliant

notes

1. fossoyeurs : personnes
2. raton laveur : mammifère carnassier d'Amérique qui trempe sa nourriture dans l'eau avant de la manger.

3. receveur des contributions : fonctionnaire chargé de collecter les impôts.
4. ecclésiastique : prêtre ou religieux.

5. furoncle : sorte d'abcès.
6. pierres à briquet : pierres que l'on frotte l'une contre l'autre pour allumer un feu.

un paysage avec beaucoup d'herbe verte dedans
une vache
un taureau
[...]

Jacques Prévert, *Paroles*, extrait du poème « Inventaire », Gallimard, 1949.

Bibliographie, filmographie

BIBLIOGRAPHIE

Ouvrages de Lewis Carroll

Les récits et romans de Lewis Carroll sont réunis dans les deux volumes *Œuvres complètes* publiés dans la collection « Bouquins », Robert Laffont, 2003.

Alice au pays des merveilles, édition intégrale, « Le Livre de Poche Jeunesse », n° 1134, Hachette Jeunesse, 2005.

Les Aventures d'Alice au pays des merveilles, édition bilingue, n° 8732, « Le Livre de Poche », L.G.F., 2008.

Sur Lewis Carroll

Henri Parisot, *Lewis Carroll*, coll. « Poètes d'aujourd'hui », Seghers, 1952.

FILMOGRAPHIE

Alice au pays des merveilles, film d'animation franco-britannique de Dallas Bower, 1949 (96 min).

Alice au pays des merveilles, dessin animé américain réalisé par Clyde Geronimi, Hamilton Luske et Wilfred Jackson pour les Studios Walt Disney, 1951 (75 min).

Alice au pays des merveilles, dessin animé américano-japonais réalisé par Toshiyuki Hiruma et Takashi Masunaga, 1995 (45 min).

Alice au pays des merveilles, téléfilm américain de Nick Willing, 1999 (129 min).

Alice au pays des merveilles, film en 3D (en préparation) de Tim Burton pour les Studios Walt Disney (sortie prévue en 2010).

Imprimé en Italie par «La Tipografica Varese S.p.A.»

Dépôt légal : Mars 2009 - Edition n° 01 - **28/1417/6**